LA CONVENTION DE GENÈVE DE 1929
ET L'IMMUNISATION
DES APPAREILS SANITAIRES AÉRIENS

Publication du Comité International de la Croix-Rouge

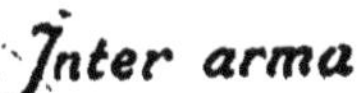
Inter arma  *caritas*

LA CONVENTION DE GENÈVE DE 1929 ET L'IMMUNISATION DES APPAREILS SANITAIRES AÉRIENS

PROJET D'UNE CONVENTION ADDITIONNELLE POUR L'ADAPTATION A LA GUERRE AÉRIENNE DES PRINCIPES DE LA CONVENTION DE GENÈVE

par

Ch. L. JULLIOT
Docteur en Droit
Membre du Comité directeur du *Comité juridique international de l'Aviation*
et de la Commission juridique de l'*Aéro-Club de France*

PRÉFACE

de M. Paul DES GOUTTES
Docteur en Droit, Avocat à Genève
Membre du *Comité international de la Croix-Rouge*

EN VENTE A:

GENÈVE
COMITÉ INTERNATIONAL
DE LA
CROIX-ROUGE

PARIS
PER ORBEM
4 RUE TRONCHET
(VIIIe)

1929

PRÉFACE

Il faut à toute œuvre un apôtre. L'aviation sanitaire a le sien : c'est M. Ch. L. Julliot. Premier pionnier de l'œuvre, il en est l'infatigable continuateur. Preuve en soi la présente étude : les délégués à la Conférence diplomatique de 1929 pour la révision de la Convention de Genève étaient à peine rentrés chez eux, que M. Julliot se mettait à la tâche pour réaliser un des vœux de cette Conférence et mettre au point le texte d'une convention complète pour l'adaptation à la guerre aérienne des principes de la Convention tout fraîchement révisée.

Dès 1912, M. Julliot avait placé le problème de l'aviation sanitaire devant la Ligue nationale aérienne *de France, et le vœu avait été émis, à son instigation, que le Gouvernement français convoquât une conférence internationale à ce sujet. Dès lors M. Julliot n'a cessé de se préoccuper de cette question, tant au point de vue théorique que pour signaler les projets réalisés en pratique. La* Presse médicale *expose périodiquement, sous sa signature, les derniers développements de ce merveilleux moyen de transport pour malades et blessés, qui a déjà sauvé tant de vies. L'étude historique dont l'auteur fait précéder le texte de la Convention projetée rappelle tous les travaux qui, dès 1912, avaient préparé l'adoption d'un pacte international entre Etats.*

Mais, si la XIIe Conférence internationale de la Croix-Rouge, *en 1925, avait fait faire un pas en avant à la question, ainsi que le* *rappelle M. Julliot, il faut reconnaître que c'est la Conférence diplomatique de 1929 qui — presque spontanément, peut-on dire — lui imprima l'élan décisif. En effet, les Gouvernements participant à la Convention de Genève de 1906, avaient, en répondant favorablement à l'appel du Conseil fédéral suisse, accepté comme base de délibérations le projet de révision issu des X*e *et* XI*e* Conférences de la Croix-Rouge (1921 *et* 1923). *Or ce projet complet ne contenait cependant aucune proposition sur l'aviation. La question n'était pas mûre en 1923, et en 1925 on s'orientait vers une convention complète ; à quoi bon introduire des principes, forcément sommaires, dans la Convention de Genève à réviser ? Aussi fût-ce une surprise lorsque, parmi les amendements que les Gouvernements s'étaient naturellement réservé de présenter, on vit figurer une double proposition, française et britannique, tendant à une réglementation de l'aviation sanitaire dans la Convention révisée. La question avait si bien mûri depuis 1925 que ceux des Etats qui marquent le pas dans le domaine de l'aviation sanitaire estimaient impossible de réviser la Convention de* 1906 *sans lui faire une place dans le texte de ce pacte. Et c'est pourquoi la Conférence diplomatique réunie à Genève en juillet dernier fut appelée à délibérer sur ce chapitre nouveau.*

Laissant à une Conférence ultérieure, composée d'experts et de spécialistes, le soin d'élaborer une convention complète qu'elle appelait expressément de ses vœux, l'assemblée de juillet se contenta d'introduire dans la Convention de Genève révisée, au chapitre des Transports sanitaires, un seul article nouveau contenant les dispositions essentielles destinées à réglementer l'aviation sanitaire en temps de guerre.

Ce sont ces points, ainsi momentanément fixés, que M. Julliot étudie dans sa brochure, avec la compétence d'un juriste averti et d'un expert en cette matière, en faisant une analyse aussi intelligente qu'exacte des délibérations de la Conférence. Il traite successivement du problème tant débattu du survol, du statut du personnel, du sort des pilotes, de la signalisation des appareils aériens, etc. Les solutions adoptées peuvent paraître timides à quelques-uns ; elles ont en tout cas le mérite d'être rationnelles, de tenir compte de l'état actuel de la question, et de pouvoir être sans hésitation acceptées par les Etats.

La grande supériorité que présente la brochure de M. Julliot c'est son exactitude et son actualité. Ces qualités, jointes à la compétence exceptionnelle de celui qu'on pourrait justement nommer l'un des pères de l'aviation sanitaire en France, suffisent amplement à assurer à cet opuscule l'intérêt et l'approbation de tous ceux qu'anime le souci des blessés et des malades.

Paul Des Gouttes,

Dr en droit, avocat à Genève,
Membre du Comité international de la Croix-Rouge.

Genève, octobre **1929.**

N. B. — *Qu'il me soit permis une remarque personnelle. M. Julliot m'avait demandé de lui faire une préface avant même de m'avoir soumis ses épreuves, et j'avais accepté d'avance et sans hésitation. M. Julliot ayant tenu compte, avec une déférence et une humilité toutes à son honneur, de chacune de mes observations, j'ai le plaisir de pouvoir m'associer sans aucune réserve à toutes ses conclusions. En revanche, il n'en saurait être de même quant à ses appréciations, décidément trop amicales, de mes travaux antérieurs. Sur ce point, son amabilité m'oblige à faire les plus expresses réserves.*

P. D G.

LA CONVENTION DE GENÈVE DE 1929 ET L'IMMUNISATION DES APPAREILS SANITAIRES AÉRIENS

Projet d'une Convention additionnelle pour l'adaptation à la guerre aérienne des principes de la Convention de Genève

I. HISTORIQUE DE LA QUESTION.

Le problème juridique international soulevé par l'aviation sanitaire (1) date de 1912 ; il est né au sein de l'ancienne *Ligue nationale aérienne,* l'ancêtre de notre *Ligue aéronautique de France* ; il est né exactement le 21 novembre 1912, date à laquelle le *Comité de Contentieux* de cette ligue, saisi de ce problème par mes soins, a bien voulu, à ma demande, émettre un vœu tendant à ce que le Gouvernement français prît l'initiative de convoquer une conférence internationale de Croix-Rouge aérienne.

En 1921, neuf ans plus tard par conséquent, à la *Xe Conférence internationale de la Croix-Rouge,* M. Frank Hastings, au nom de la Croix-Rouge serbe en Grande-Bretagne, demandait au *Comité international de la Croix-Rouge* d'élaborer un statut d'immunisation pour les avions sanitaires.

En 1923, à la Conférence suivante, la XIe, M. le Médecin

---

(1) Voyez, sur cette question, Julliot, *Aéronefs sanitaires et Conventions de Genève,* dans la *Revue Générale de droit international public* de Novembre-Décembre 1912 ; *Aéronefs sanitaires et Conventions de Genève,* préface du colonel Quinton, (Pedone, éditeur, Paris, 1913) ; *Avions et Dirigeables au secours des blessés militaires,* conférence au Cercle militaire de Paris du 16 janvier 1913 (éditions *Per Orbem*) ; *Les aéronefs sanitaires et la guerre de* 1914, conférence faite le 10 janvier 1918 à la *Réunion médico-chirurgicale de la IVe armée,* préface du Général Bailloud (Pedone, éditeur, 1918) ; *Les avions sanitaires et l'après-guerre,* conférence faite le 11 juin 1922 à l'hôpital militaire Villemin, préface du Médecin Général Inspecteur Toubert (Pedone, éditeur, 1922) ; Des Gouttes et Julliot, *Recueil de documents sur la neutralisation des aéronefs sanitaires,* préface de Gustave Ador (Comité international de la Croix-Rouge, éditeur, 2e édition, 1925) ; discussion du rapport de M. Julliot au *Comité juridique international de l'aviation* (*Revue juridique internationale de la Locomotion aérienne,* juillet-septembre 1925, p. 252) ; Compte-rendu du *VIIe Congrès international de Législation aérienne,* Lyon 1925, p. 249 ; Compte-rendu de la *XIIe Conférence internationale de la Croix-Rouge,* Genève 1925 ; Julliot et Des Gouttes, Rapport au *Ier Congrès international de l'Aviation sanitaire,* sur *l'immunisation des aéronefs sanitaires en temps de guerre* (*Droit Aérien,* avril-juin 1929, p. 141).

général Niclot, au nom du Ministre de la guerre français, déposait, à son tour, une motion tendant à ce que la XIIe Conférence, prévue pour 1925, eût à connaître de cette question.

Le *Comité international de la Croix-Rouge* se mit aussitôt à l'œuvre et le bon ouvrier en fut M. Des Gouttes, son vice-président, à la ténacité avertie et au labeur éclairé de qui je tiens à rendre un particulier hommage.

A la demande du *Comité international de la Croix-Rouge,* le Ministère de la guerre français envoyait, le 22 septembre 1924, à Genève, un Bréguet sanitaire piloté par le Lieutenant Goegel et ayant à son bord le Médecin Lieutenant-colonel Picqué et le Médecin Commandant Armand Vincent, qui firent une démonstration à l'aérodrome de Cointrin et une Conférence à l'Aula de l'Université.

De son côté, le *Comité juridique international de l'aviation,* qui, aussi bien que le Gouvernement français et le *Comité international de la Croix-Rouge,* avait été saisi, en son temps, du vœu de 1912, mettait la question de l'immunisation des aéronefs sanitaires à l'ordre du jour de son *VIIe Congrès international de législation aérienne* (Lyon 1925) et me désignait comme rapporteur.

Dès 1924, la liaison était établie entre M. Des Gouttes élaborant la question pour la XIIe Conférence de Genève et moi-même l'élaborant pour le VIIe Congrès de Lyon, qui devaient se tenir, l'une et l'autre, en octobre 1925, et depuis ce temps nos efforts n'ont cessé d'être conjugués.

Le VIIe Congrès de Lyon, présidé par M. le Professeur de Lapradelle, a clos ses travaux, le 2 octobre 1925, en recommandant à l'attention de la *XIIe Conférence internationale de la Croix-Rouge,* les résolutions ci-après :

« 1° — Le personnel et le matériel exclusivement affectés à l'enlèvement, au transport et au traitement des blessés par la voie aérienne, doivent être respectés et protégés, comme ils le sont sur terre et sur mer ;

« 2° — La protection cesse si l'on en use pour commettre des actes nuisibles à l'ennemi ;

« 3° — L'avion sanitaire ne doit pas servir à la recherche des blessés sur le champ de bataille ».

De son côté, M. Des Gouttes avait fait faire un pas immense à la question en publiant, dans le numéro de Décembre 1924 de la *Revue internationale de la Croix-Rouge,* un *Essai d'adaptation à la guerre aérienne des principes de la Convention de Genève*, suivi d'un projet très complet de convention internationale. Il aboutissait à des conclusions sensiblement différentes de celles auxquelles j'avais abouti dans un premier rapport au Comité directeur du *Comité juridique international de l'Aviation*. M. Des Gouttes, avec une logique des plus rigoureuse et une rare élévation de pensée, s'efforçait, dans cet *Essai*, de rapprocher nos points de vue.

Je fis les mêmes efforts de conciliation dans un second rapport qui fut discuté au *Comité directeur* le 27 avril 1925, en une séance mémorable, à laquelle assistaient M. le Médecin Général Uzac, le regretté Professeur Picqué de Bordeaux, le Colonel Cheutin, le Médecin Lieutenant-Colonel Epaulard et M. Schlemmer, délégué général du *Comité international de la Croix-Rouge* à Genève (1).

Mêmes efforts de conciliation au Congrès de Lyon, de la part de M. Des Gouttes et de la mienne. Nos points de vue s'étaient rapprochés, mais sans parvenir à s'identifier.

Le 5 octobre suivant se réunissait à Genève la *XIIe Conférence internationale de la Croix-Rouge*, aux travaux de laquelle préludait une Commission d'experts pour l'immunisation des avions sanitaires, Commission ayant pour président M. le Lieutenant-Général Collette, commissaire en chef de la Croix-Rouge néerlandaise, pour rapporteur M. Des Gouttes et pour secrétaire votre serviteur. Cette Commission adopta, avec de légères modifications, le projet de convention de M. Des Gouttes.

Une dernière divergence de vues subsistait entre M. Des Gouttes et moi-même sur la question du survol des lignes. Après avoir entendu nos explications contradictoires et pris connaissance d'un rapport spécial de M. le Lieutenant Général Collette, la Commission se ralliait au point de vue de M. Des Gouttes et décidait à l'unanimité de ne pas énumérer dans le projet de Convention les actes qui seraient considérés comme nuisibles à l'ennemi et par conséquent de passer sous silence le survol des lignes.

Le Lieutenant-Général Collette et moi-même — notre point de vue était le même et s'opposait à celui de M. Des Gouttes — ne voulant pas faire échec à ce sujet aux travaux de la Commission, n'avions pas cru devoir persister dans notre opposition. Nous avons eu tort, sans doute, car le texte de la Commission sur ce

(1) N° de juil.-sept. de la *Revue juridique internationale de la Locomotion aérienne*.

point ne fut pas accepté par la XIIe Conférence et la question dut revenir devant la Commission renforcée, cette fois, par la présence de personnalités françaises animées des mêmes préoccupations que moi-même : MM. le Général Pau, le professeur de Lapradelle, le Médecin Général Marotte, le Professeur Picqué, et cette nouvelle Commission se prononçait pour l'interdiction du survol des lignes.

En qualité de secrétaire de cette Commission, j'ai eu le très grand honneur de faire adopter par la séance plénière du 10 octobre 1925 de la XIIe Conférence l'ensemble du projet de convention avec les amendements que venait d'y apporter la Commission des experts. Ce document demeurera devant l'histoire l'œuvre de M. Des Gouttes, à qui les blessés des guerres futures ne sauront jamais vouer assez de reconnaissance.

On trouvera, en fin du présent travail, le texte de ce projet dans la colonne de gauche du tableau (1).

Ce projet de convention a été transmis pour étude par le *Comité international de la Croix-Rouge*, au Conseil fédéral prié, conformément aux usages, d'examiner, le moment venu, l'opportunité de saisir les gouvernements intéressés de ce problème. Il semble d'ailleurs que le Conseil fédéral s'est rendu compte qu'il était prématuré de convoquer une conférence pour élaborer une convention complète sur l'aviation.

La *XIIIe Conférence internationale de la Croix-Rouge*, réunie à La Haye, en Octobre 1928 a eu, à son tour, à dire son mot sur cette question. Tout en reconnaissant la très grande importance que l'aviation sanitaire présente en temps de guerre, elle a proposé, le 26 octobre 1928, aux Sociétés nationales de la Croix-Rouge, aussi longtemps que ne seraient pas réglées la question de l'immunisation et d'autres questions juridiques, de concentrer

---

(1) L'adoption de ce texte a été accompagné des trois vœux suivants proposés par mes soins au vote de la XIIe Conférence :

« *La XIIe Conférence internationale de la Croix-Rouge*

« 1° *Emet le vœu que les Etats-Majors recommandent à leurs observateurs de consigner sur leur rapport-compte rendu, les observations qu'ils auront pu recueillir relativement aux blessés ;*

« 2° *Considérant l'avantage d'une signalisation aussi complète que possible des avions sanitaires, de manière à éviter les confusions et les erreurs, recommande la question de la signalisation des aéronefs sanitaires à l'attention et à l'étude approfondie des constructeurs d'avions ;*

« 3° *Vu l'immense avantage que peuvent, en temps de paix, retirer les malades et les blessés de ce nouveau mode de locomotion aérienne, soit pour transporter à l'hôpital le blessé ou le malade, soit pour le ramener dans sa famille, soit enfin pour amener auprès de lui le chirurgien spécialiste qui a le plus de chance de le sauver, recommande aux Etats de faciliter autant que possible le passage en douane, en temps de paix, des aéronefs sanitaires, par le moyen du carnet de passage en douane, dont bénéficient déjà actuellement certaines catégories d'avions* ».

leurs efforts sur le développement de l'aviation sanitaire civile, étant convaincue que tout progrès réalisé dans le domaine de l'aviation sanitaire civile contribuerait grandement à celui de l'aviation sanitaire militaire.

La Conférence a cru devoir, en conséquence, recommander aux Sociétés nationales de la Croix-Rouge d'entrer en relation avec les organes officiels ou privés de leurs pays respectifs pour résoudre cet important problème, particulièrement en ce qui concerne l'aménagement et l'utilisation rationnels d'appareils sanitaires et de champs d'atterrissage ainsi que leur emploi pour secours d'urgence.

Au mois de Mai 1929 se réunissait à Paris le *premier Congrès international de l'aviation sanitaire.* L'une des questions inscrites à son ordre du jour fut celle de l'immunisation des aéronefs sanitaires et j'ai eu le très grand honneur, tant en mon nom qu'au nom de M. Paul Des Gouttes, mon co-rapporteur retenu à Genève, de présenter et soutenir les conclusions du rapport sur cette importante question. La conclusion en fut l'adoption d'un vœu tendant à ce que la situation des avions sanitaires soit réglée le plus tôt possible en ce qui concerne leur immunisation, dans le cadre des règlements internationaux et notamment de la Convention de Genève, dans le but de leur assurer toute la protection dès maintenant acquise à tous les moyens de transport utilisés pour les évacuations sanitaires.

Quelques semaines plus tard, le 1er Juillet 1929, se réunissait à Genève la Conférence diplomatique chargée de la révision de la Convention de Genève de 1906. La question de l'aviation sanitaire ne figurait pas à l'ordre du jour de cette conférence. Mais, à l'occasion des propositions et observations des Gouvernements sur ce projet de révision, deux Gouvernements, le français et le britannique, proposèrent d'intégrer dans la Convention de 1906 à réviser des dispositions succinctes relatives à l'immunisation des aéronefs sanitaires.

A cet effet, le Gouvernement britannique saisissait la Conférence du contre-projet suivant :

« ARTICLE 9. — *Sous réserve des modifications indiquées ci-après, la présente Convention s'applique également aux blessés et malades des services aériens, que ces derniers soient organisés ou non dans le cadre des armées ou qu'ils opèrent ou non avec ou indépendamment de celles-ci, ainsi qu'aux formations et établis-*

sements sanitaires et au personnel sanitaire attribué à ces services :

« 1) *Les aéronefs sanitaires seront traités comme les formations sanitaires mobiles et bénéficieront de la protection que la Convention accorde à ces dernières, à condition qu'avant de s'en servir, le belligérant au service duquel les aéronefs se trouvent en notifie à l'adversaire les numéros enregistrés, les types, les couleurs et tous autres détails susceptibles de les identifier.*

« a) *La protection ainsi accordée ne leur permettra toutefois de survoler le territoire appartenant au belligérant adversaire ou étant occupé par ses armées qu'avec la permission spéciale de ce dernier. En l'absence de cette autorisation, ils pourront être traités comme des aéronefs combattants.*

« b) *Les aéronefs sanitaires ne pourront voler qu'à leurs propres risques et périls dans la proximité des armées de terre et de mer et des fortifications du belligérant adversaire. En pareil cas il sera permis de les attaquer sans avertissement.*

« 2) *Les aéronefs sanitaires seront peints d'une manière distincte dans les couleurs qui pourront avoir été notifiées, conformément à l'alinéa 1, et porteront visiblement le signe distinctif de la croix rouge sur fond blanc, ainsi que le signe national des avions militaires du belligérant au service duquel ils se trouvent* ».

Voici maintenant l'amendement proposé par la France :

« *Insérer un nouvel article 17 bis ainsi conçu :*

« *Les appareils aériens utilisés pour les évacuations sanitaires seront neutralisés à la condition d'être exclusivement affectés à cet objet et aménagés pour leur mission spéciale.*

« *Ils seront peints en blanc et porteront au-dessus et au-dessous des ailes, de part et d'autre du fuselage, à côté des couleurs nationales, une croix rouge de grande dimension.*

« *Il est interdit à ces appareils de survoler les lignes et de s'approcher à plus de 10 kilomètres du front.*

« *Sur le champ de bataille, l'altitude moyenne du vol ne devra pas s'élever au-dessus de 1000 mètres.*

« *Tout avion sanitaire survolant les lignes ennemies, ou y pénétrant par erreur, pourra être sommé d'atterrir sur le terrain d'aviation le plus proche. La sommation pourra être faite par tout appareil volant militaire, au moyen d'une fusée émettant un globe rouge et blanc ou par un tir de canon contre aéronefs exécuté systématiquement en avant de l'avion sanitaire.*

« *Si l'avion sanitaire n'obéit pas à la sommation qui lui est faite, le feu peut être ouvert sur lui.*

« *En cas d'atterrissage fortuit ou imposé d'un avion sanitaire sur un terrain ennemi, l'appareil et ses passagers seront sauvegardés. Les passagers blessés, malades ou non, seront traités comme il est spécifié à l'article 2. Le personnel de conduite ou de manœuvre neutralisé et l'appareil seront rendus dans les conditions spécifiées aux articles 12 et 14* ».

« Motifs : *Il est nécessaire de prévoir dès maintenant l'emploi de l'avion comme moyen régulier d'évacuation. Le texte ci-dessus est proposé à titre de pure indication et comme base possible de discussion, car il appelle des débats qui semblent pouvoir se prolonger, mais il appartient incontestablement à la conférence internationale de la Croix-Rouge de régler la question de l'aviation sanitaire* ».

Ayant eu connaissance de ces projets britannique et français, en temps opportun, il m'a été possible d'en faire état dans les conclusions orales de mon rapport au *premier Congrès international de l'Aviation sanitaire* et d'en préconiser la prise en considération par la Conférence diplomatique. Je l'ai fait avec d'autant plus de conviction qu'il était à ma connaissance personnelle que le rédacteur du projet français n'était autre que le Commissaire scientifique du Congrès, mon collègue et ami, M. le Médecin-Lieutenant-Colonel Schickelé, lequel avait su faire partager son point de vue par son chef, l'éminent Directeur du Service de Santé au Ministère de la guerre, M. le Médecin Général Lévy et par l'Etat-Major français.

De son côté, M. Des Gouttes était chargé des hautes fonctions de Secrétaire Général de ladite Conférence diplomatique ; en sa qualité d'auteur du projet de convention de 1925, il eût pu être tenté de réserver ses préférences pour l'adoption d'une convention complète relative à l'aviation sanitaire et à la guerre aérienne; néanmoins, il ne manqua pas de se rendre compte que l'initiative de l'Angleterre et de la France était de nature à permettre un aboutissement beaucoup plus rapide des principes humanitaires au bénéfice de l'aviation sanitaire, et, aussi bien, dès avant la réunion de la Conférence diplomatique, il me faisait part de son intention d'appuyer les propositions de la France et de l'Empire britannique, ce qu'il ne manqua pas de faire, le moment venu, avec toute la conviction charitable qui l'anime et dont il a donné tant de gages au cours des années écoulées.

Effectivement, il était dès le 2 Juillet 1929 constitué, au sein de la Conférence diplomatique, une sous-commission de l'aviation sanitaire présidée par M. le Médecin Général Inspecteur Marotte, délégué de la France, lequel avait déjà très brillamment représenté le Service de Santé français au *VIIe Congrès international de législation aérienne* et à la *XIIe Conférence internationale de la Croix-Rouge*, où il avait joué un rôle de tout premier plan dans la discussion du projet de convention de 1925. On peut dire que le Docteur Marotte a été l'âme de cette nouvelle discussion de 1929. C'est lui qui a pris l'offensive dès l'ouverture de la Conférence et c'est lui qui a mené le bon combat jusqu'à la victoire finale avec un acharnement dont la France et l'humanité entière peuvent lui être reconnaissantes.

Le 10 Juillet 1929, M. le Médecin Général Inspecteur Marotte déposait sur le bureau de la Commission de révision de la Convention de Genève un très remarquable rapport (1) tendant à l'introduction dans la Convention de Genève révisée d'un article relatif à l'aviation sanitaire et le 12 Juillet suivant cette Commission adoptait, alinéa par alinéa, sur le rapport de M. le Médecin Général Inspecteur Marotte, le texte suivant, qui était la conciliation des propositions ci-dessus rapportées de la Grande-Bretagne et de la France (2) :

I. — *Les appareils aériens utilisés comme moyen d'évacuation sanitaire jouissent de la protection de la Convention, à la condition d'être exclusivement réservés au transport des malades et des blessés.*

II. — *Ils sont peints en blanc, et portent ostensiblement le signe distinctif prévu au Chapitre VI, à côté des couleurs nationales, sur les faces inférieures et supérieures.*

III. — *Sauf licences spéciales et expresses le survol de la ligne de feu, de même que de la zone située en avant des grands postes médicaux de triage, et celui de toute fortification quelconque sont formellement interdits.*

---

(1) Dans son rapport M. le Médecin Général Inspecteur Marotte a tenu à remercier M. Des Gouttes d'avoir assisté la sous-commission « de ses conseils éclairés et de sa compétence bien connue » et il a bien voulu déclarer qu'il s'était inspiré du rapport présenté au *Ier Congrès international de l'Aviation sanitaire* par MM. Julliot et Des Gouttes.

(2) M. le Médecin Général Inspecteur Marotte, dans son rapport, a rendu un « hommage sincère au souci que la délégation britannique a montré de ne traduire sa manière de voir qu'en s'inspirant de la pensée française. »

IV. — *Les appareils sanitaires aériens doivent obéir à toute sommation d'atterrir.*

V. — *En cas d'atterrissage fortuit ou imposé, sur territoire ennemi, les blessés et malades, de même que le personnel et le matériel sanitaires, y compris l'appareil aérien, demeurent au bénéfice des dispositions de la présente convention.*

VI. — *Les pilotes, les manœuvres et les opérateurs de T. S. F. capturés seront rendus, à la condition qu'ils prendront l'engagement de ne plus servir jusqu'à la fin des hostilités ailleurs que dans une formation sanitaire.*

La sous-commission avait, en effet, abouti à cette conclusion unanime qu'il n'était plus possible, à l'heure actuelle, à une Conférence internationale, réunie pour réviser la Convention de Genève, de se séparer sans s'être prononcée sur la question de l'aviation sanitaire et qu'il convenait d'en introduire la mention dans la rédaction des textes nouveaux. Mais aussi cette sous-commission a été d'avis qu'il fallait réduire au minimum, acceptable par tous, des propositions à présenter à la Commission, et écarter l'idée d'une réglementation détaillée, estimant que, pour le surplus, et pour les détails d'application, il y aurait lieu de les introduire ultérieurement dans une codification de la guerre aérienne, analogue à celle qui a été établie, en 1907, pour la guerre maritime. « Cette réglementation existe, a dit M. Marotte, elle a été rédigée par M. Des Gouttes et figure tout au long dans les actes de la *XIIe Conférence internationale de la Croix-Rouge* de 1925. C'est dire que la besogne est déjà toute faite et qu'il n'y a qu'à la retoucher pour en faire la charte définitive de l'aviation sanitaire ». Il a paru, d'autre part, à la sous-commission « que ses propositions gagneraient à se trouver condensées dans un seul article (l'article 18) plutôt que de se voir disséminées au cours de la Convention de 1906 révisée, dans les divers alinéas susceptibles de recevoir un additif mentionnant soit le personnel, soit le matériel, soit surtout le rôle de l'aviation sanitaire. »

La place idéale de cet article a semblé à la sous-commission devoir être trouvée dans le Chapitre V, chapitre *Des Transports d'évacuation*, un tel emplacement dans le texte de la Convention ayant l'avantage de bien spécifier le rôle que la Sous-Commission entendait réserver à l'aviation sanitaire, « dont le but unique, a dit M. le Médecin Général Inspecteur Marotte, doit être l'évacuation, et de faire tomber, *ipso facto*, les critiques tenant à toute autre interprétation de son utilisation en campagne ».

On ne manquera pas de remarquer le terme sous lequel les avions sanitaires sont introduits dans la Convention de Genève : « appareils aériens », terme auquel a cru devoir se rallier la sous-commission « malgré son manque d'élégance » ainsi que l'a noté M. le Médecin Général Inspecteur Marotte.

Et pourquoi, en effet, cette appellation inélégante ? Pour employer un terme générique s'appliquant, au besoin au dirigeable. Mais alors, pourquoi n'avoir pas dit « aéronefs sanitaires », ainsi que je l'ai toujours fait, dans cette intention même, et cela, dès 1912, dans la *Revue générale de droit international public ?* Parce que le mot « aéronef », dans certaines langues, ne désigne que les dirigeables et parce que le mot anglais Aircraft, le mieux approprié en l'espèce, ne peut se traduire de façon exacte en français.

L'adoption du texte ci-dessus a été suivie, à la Commission, d'une proposition américaine tendant à ne pas limiter la protection des avions sanitaires au seul transport des blessés. Il fut convenu que les délégations plus spécialement intéressées, la France et la Grande-Bretagne, soumettraient à leurs Gouvernements cette question de l'extension du bénéfice de la Convention au transport par avion du personnel et du matériel sanitaires. Une seconde question vint se greffer sur la première, l'objection faite par plusieurs délégations au traitement exceptionnel qui était appliqué aux pilotes, alors que tout le reste du personnel de transport attaché aux formations sanitaires était rendu sans condition. Ces difficultés ont fait l'objet de longues négociations par télégrammes entre les délégations intéressées et leurs gouvernements. Le Gouvernement français, en particulier, a consenti à ce que, à côté de l'évacuation, il fut également mentionné que l'avion pourrait servir au transport du personnel et du matériel sanitaires. En outre et conformément aux déclarations faites, comme nous le verrons plus loin, par M. le Médecin Lieutenant-colonel Schickelé devant le 1er *Congrès international de l'Aviation sanitaire,* il s'est montré partisan d'assimiler les pilotes à tout autre personnel de transport attaché aux formations sanitaires et, par conséquent, à ce qu'ils fussent rendus sans condition.

La Grande-Bretagne n'a pas cru devoir aller aussi loin sur ce dernier point et il en est résulté un compromis d'après lequel les pilotes, manœuvres et opérateurs de T. S. F. ne seront rendus qu'à condition de ne plus servir que dans le service sanitaire. Il n'y a d'engagement à prendre ni par les pilotes ni par les Gouvernements. Il appartiendra aux Etats, le cas échéant, de réaliser cette condition, selon le mode qui leur conviendra, s'ils veulent obtenir la restitution de leurs pilotes.

Finalement la *Convention de Genève pour l'amélioration du sort des blessés et des malades dans les armées en campagne* a été signé le 27 Juillet 1929 par 33 Etats sur 47 et son art. 18 légèrement modifié par rapport au texte adopté par la Commission le 12 Juillet précédent et reproduit ci-dessus est le suivant :

« *Les appareils aériens utilisés comme moyens de transport sanitaires jouiront de la protection de la Convention pendant le temps où ils seront exclusivement réservés à l'évacuation des blessés et malades, au transport du personnel et du matériel sanitaires.*

« *Ils seront peints en blanc et porteront ostensiblement le signe distinctif prévu à l'article 19, à côté des couleurs nationales, sur leurs faces inférieure et supérieure.*

« *Sauf licence spéciale et expresse, le survol de la ligne de feu, de même que de la zone située en avant des grands postes médicaux de tirage, ainsi que, d'une manière générale, de tout territoire ennemi ou occupé sera interdit.*

« *Les appareils sanitaires aériens devront obéir à toute sommation d'atterrir.*

« *En cas d'atterrissage ainsi imposé ou fortuit sur territoire ennemi ou occupé par l'ennemi, les blessés et les malades, de même que le personnel et le matériel sanitaires, y compris l'appareil aérien, demeureront au bénéfice de la présente Convention.*

« *Le pilote, les manœuvres et les opérateurs de télégraphie sans fil (T. S. F.) capturés seront rendus, à la condition qu'ils ne seront plus utilisés, jusqu'à la fin des hostilités, que dans le service sanitaire.* »

Le vœu suivant a été inséré dans l'Acte final de la Convention :

« *La Conférence émet le vœu que les Pays participant aux Conventions de Genève se réunissent en conférence, dans un avenir rapproché, en vue de réglementer, avec toute l'ampleur nécessaire, l'emploi de l'aviation sanitaire en temps de guerre.* »

II. Position de la question du point de vue des Conventions de Genève de 1864, 1906 et 1929

Commençons par nous demander comment se posait le problème en 1912, époque à laquelle je l'ai soulevé.

Ce problème, alors, était double : la recherche des blessés, d'une part, leur évacuation de l'autre.

Dans les années qui ont précédé la guerre de 1914-1918 on colportait des relations des guerres précédentes, des guerres anglo-boer et russo-japonaise, notamment, aux termes desquelles relations des blessés étaient restés des trois, quatre, six et même dix jours dans des anfractuosités de terrain ou dans des buissons, sans être secourus ni même aperçus. L'idée est venue tout naturellement de recourir à l'œil vertical de l'avion. Nous avions eu cette idée, chacun de notre côté et sans nous connaître, le Docteur Reymond et moi-même. Nous étant ensuite rencontrés, nous avons fait campagne ensemble pour cette nouvelle utilisation du plus lourd que l'air, jusqu'au jour où la guerre est venue interrompre nos efforts, cette guerre dont Reymond devait être l'une des plus pures et des plus glorieuses victimes, victime non de l'aviation sanitaire, comme on l'a dit parfois, mais de l'aviation tout court.

Il ne serait que d'un intérêt rétrospectif de relater ici les expériences faites par Reymond aux grandes manœuvres du Poitou de 1912, les divergences de vues survenues entre nous touchant l'opportunité d'accrocher des croix rouges aux ailes de l'avion de recherche, les laborieuses études poursuivies au sein de la *Ligue nationale aérienne* avec les trois projets issus de ces études, projet Quinton, projet Fauchille, projet Julliot. Tous ces projets sont périmés depuis qu'est passée par là la grande rafale de la guerre mondiale. Laissons donc momentanément la question de la recherche proprement dite — nous y reviendrons tout à l'heure pour la liquider — et voyons comment se posait dans son ensemble, le problème de l'immunisation des aéronefs sanitaires au regard de la convention de Genève avant sa révision de 1929 : le bénéfice de la neutralité pouvait-il, en présence de conventions antérieures à la naissance de l'aviation, être reconnu à un avion qui, se conformant aux prescriptions des conventions existantes, se donnait pour mission soit de rechercher les blessés du champ de bataille, soit de les recueillir, pour les évacuer ?

Cette question a donné naissance à des interprétations assez mouvantes de 1912 (1) à 1925 et elle a subi dans mon esprit une évolution qu'il serait sans intérêt de relater ici.

Finalement, la doctrine à laquelle j'avais abouti lors du *Premier Congrès international de l'Aviation sanitaire*, c'est-à-dire à la veille de la révision de la Convention de 1906, était la conciliation, sous la médiation du *Comité juridique international de l'aviation*, du *VIIe Congrès international de Législation aérienne* et de la *XIIe Conférence internationale de la Croix-Rouge*, des points de vue primitivement très divergents soutenus par M. Des Gouttes et par moi-même et j'ai eu la satisfaction de proclamer devant le Congrès mon parfait accord avec mon éminent co-rapporteur.

L'avion sanitaire n'avait naturellement pas été désigné nommément par les Conventions de Genève de 1864 et de 1906, mais le *Comité international de la Croix-Rouge* dès 1924 tendait à reconnaître que l'avion sanitaire, l'avion de transport tout au moins, pouvait rentrer dans les prévisions de ces instruments diplomatiques (2). La Convention de 1864 parlait des hôpitaux militaires et des ambulances et elle ajoutait que les évacuations seraient couvertes par une neutralité absolue. La Convention de 1906 parlait en termes beaucoup plus généraux des formations mobiles, « c'est-à-dire de celles qui sont destinées à accompagner les armées en campagne », ce qui ne laisse aucun doute pour les avions sanitaires destinés à recevoir et à évacuer les blessés. Que l'on considère l'avion comme une petite unité sanitaire ou comme un véhicule d'évacuation, il est, dans toute l'acception du terme, une formation mobile. Il suffit, pour s'en convaincre, de se reporter au *Manuel de la Croix-Rouge* de Fauchille et Politis et au *Traité de droit international public* de Fauchille, où il est dit que les avions servant au transport des blessés et des malades sont exempts de saisie au même titre que les aéronefs chargés de missions scientifiques ou philanthropiques, sans qu'il y ait lieu de distinguer entre le cas où il y a et celui où il n'y a pas, dans le moment envi-

(1) Julliot, *Aéronefs sanitaires et conventions de Genève*.

(2) Il suffit, pour s'en convaincre, de lire les articles 1, 2, 6 et 7 de la Convention de 1864 et les articles correspondants de la Convention de 1906.

sagé, de blessés à bord des avions, la pratique reconnaissant l'immunité des établissements sanitaires en toutes occasions.

Et quant au personnel, il y a encore moins de difficultés : dans l'espèce, ce personnel fonctionnerait et il y aurait des malades et blessés à relever et à secourir. Et, mieux, il a toujours été admis, en pratique, que l'immunité du personnel ne cesse pas lorsque ce personnel est momentanément inoccupé. Ce personnel est protégé en toutes circonstances et il doit l'être sous peine d'entraver sa mission (1) Aux termes de l'art. 2 de la Convention de 1864 l'immunité couvrait le personnel des hôpitaux et ambulances comprenant les services de santé, d'administration, de *transport des blessés.*

Ainsi les définitions du personnel et du matériel données par les anciennes Conventions de Genève étaient suffisamment compréhensives pour englober le personnel et le matériel d'aviation sanitaire.

D'où venait donc la difficulté ? Elle venait de ce que l'immunité n'appartient aux formations sanitaires qu'autant qu'elles s'abstiennent de toute immixtion dans les hostilités ; la protection cesse si l'on en use pour commettre des actes nuisibles à l'ennemi. Y a-t-il un acte plus nuisible à l'ennemi que de plonger du haut des nues des regards indiscrets dans ses lignes ? Et cette immunité cesse aussi bien pour le personnel que pour le matériel. Le personnel, disaient Fauchille et Politis, ne doit pas, par exemple, entrer sans permission dans la ligne des opérations de l'ennemi. « S'il y entre sans permission, l'ennemi aura le droit, ou bien de le capturer, et de le détenir, pour que le secret militaire soit gardé, ou bien, si la capture n'est pas, en fait, possible, d'ouvrir le feu dans sa direction, pour lui indiquer qu'il ne peut s'avancer davantage et de tirer sur lui, s'il n'obéit pas à l'injonction donnée ».

Jusqu'au jour où M. Des Gouttes est venu à ma rescousse, ainsi qu'il est expliqué plus loin, j'avais considéré cet obstacle comme insurmontable et sans doute l'est-il réellement en ce qui concerne l'exploration du champ de bataille. Liquidons tout de suite cette question ; nous reviendrons ensuite au problème de l'évacuation.

---

(1) Fauchille et Politis, *op. cit.*, p. 39.

III. Exploration du champ de bataille. La pierre d'achoppement du survol

Dans la dernière guerre, par suite de la densité des troupes sur le champ de bataille, il n'a, pour ainsi dire, plus existé de nids de blessés (1). S'il doit en être de même dans les guerres futures, on ne peut réellement pas songer à l'avion pour repérer les individus isolés. Comment distinguer, parmi les hommes couchés, les blessés et les morts, voire même les combattants immobiles dans des trous ?

Et puis, pour voir des individus isolés, il faudrait voler bas — quelle belle cible ! — et encore, pas trop bas, car la vitesse de déplacement s'opposerait à un repérage exact.

Ainsi, au lendemain de la grande guerre, le problème de la recherche par avion sanitaire apparaissait insoluble. Jusqu'au début de 1925 je m'obstinai quand même à vouloir le résoudre. C'est que, prisonnier d'un lointain passé, ayant examiné, en 1912, le problème juridique de l'immunisation du double point de vue de la recherche et de l'évacuation, j'avais toujours la hantise de trouver une solution qui donnât satisfaction, tout à la fois, à ces deux aspects du problème.

Mais, au début de 1925, je m'avisai qu'il convenait au contraire de dissocier ces deux aspects de l'aviation sanitaire.

Déjà, en 1918, j'avais saisi le Grand Quartier Général d'une proposition tendant à ce que :

1°) si les conditions du tir ennemi permettent aux brancardiers de se porter, séance tenante, au secours des blessés repérés par les observateurs divisionnaires ou de corps d'armée, qui se tiennent en permanence au-dessus du théâtre des opérations, ces observateurs reçoivent mission d'en faire part immédiatement par T. S. F. aux Médecins divisionnaires ou aux directeurs du Service de Santé des corps d'armée ;

2°) que, dans le cas contraire et de toutes façons d'ailleurs, les rapports-comptes rendus, déposés par ces observateurs au retour de chaque mission, comportent désormais une rubrique supplémentaire ou un feuillet détachable, relatif à l'emplacement

(1) Les blessés qui étaient capables de marcher s'évacuaient eux-mêmes ; les plus accessibles parmi les blessés graves étaient relevés instantanément par les brancardiers régimentaires ou divisionnaires et souvent transportés par les soins des prisonniers ennemis.

des blessés, dont le contenu serait, dès le dépôt desdits rapports, téléphoné aux organes intéressés du Service de Santé (1).

A ma proposition, le Grand Quartier Général a répondu, sous la signature de M. le Médecin Général Inspecteur Toubert, devenu plus tard le véritable organisateur de notre aviation sanitaire d'après-guerre, qu'il estimait que ma proposition ne présentait pas un caractère pratique ; mais il ajoutait : « en l'état actuel du moins », ce qui laissait la porte ouverte à une nouvelle étude de la question (2).

Il faut bien reconnaître que l'idée de rechercher les blessés au moyen de l'avion remonte à une époque où ceux-ci volaient bas, à une vitesse relativement peu considérable. Comme me l'a répondu M. le Médecin Général Inspecteur Toubert, en 1918, et cela devient chaque jour plus vrai avec les vitesses et les hauteurs pratiquées présentement, il est devenu impossible de faire la discrimination entre morts, blessés et hommes couchés.

Il n'en est pas moins vrai que, si les renseignements fournis par les observateurs divisionnaires ou de corps d'armée au Service de Santé doivent nécessiter, de ce chef, une interprétation, ils n'en constitueront pas moins un élément d'information extrêmement précieux.

Je n'ai eu aucune difficulté à faire admettre par le VIIe Congrès de Lyon, d'abord, et par la XIIe Conférence de Genève, ensuite, que la recherche des blessés devait rentrer dans les attributions du commandement et non du Service de Santé (3). Et la XIIe Conférence a bien voulu émettre, sur ma proposition appuyée

---

(1) « Actuellement, écrivais-je, dans ma lettre du 30 avril 1918, au Général en Chef, les observateurs divisionnaires et d'aviation de Corps d'armée se tiennent en permanence, en se relayant, au-dessus du théâtre des opérations. Ils connaissent, dans ses moindres détails, la configuration des secteurs qu'ils survolent journellement. Aucune modification dans l'aspect de ceux-ci ne peut échapper à leur œil exercé tout à la fois et familiarisé avec la région. Vienne à se produire, sur un point déterminé, un amas de corps, ils le voient séance tenante et sans avoir même besoin d'y prêter une attention particulière risquant de les détourner de leur mission spéciale. Ils ne peuvent assurément pas préciser s'il s'agit de morts ou de blessés, mais il va de soi qu'il y a généralement des uns et des autres et que, si les secours tardent, la première catégorie risque de s'accroître au détriment de la seconde ».

(2) L'ajournement était ainsi motivé : « Il est, en effet, impossible à un observateur, en avion, de distinguer des hommes couchés, les blessés et les morts. On ne peut demander aux blessés de faire des signaux pour attirer l'attention des aviateurs, car ces signaux seraient pris pour des signaux de jalonnement et pourraient conduire à de graves erreurs. Par ailleurs, la recherche de nids de blessés surchargerait d'une façon considérable la tâche déjà très délicate et très complexe des avions d'infanterie et de commandement ».

(3) La XIIe Conférence de la Croix-Rouge l'a si bien reconnu, qu'elle a cru devoir, sur la proposition de M. le Médecin Général Marotte, définir à l'article 3 du projet les formations sanitaires du service de l'aviation : celles qui seront exclusivement utilisées soit pour le transport des blessés et malades accompagnés ou non d'un médecin ou d'un infirmier, soit pour le transport des personnel et matériel sanitaires.

par M. Des Gouttes, le vœu que les Etats-Majors recommandent à leurs observateurs de consigner sur leurs rapports-compte rendu les observations qu'ils auront pu recueillir relativement aux blessés.

J'ai reçu en 1925 de M. Painlevé, Ministre de la guerre d'alors, de son Directeur du Service de Santé, M. le Médecin Général Savornin, et de M. Laurent-Eynac, alors Sous-Secrétaire d'Etat de l'aviation, l'assurance que ce vœu ferait l'objet de toute l'attention des pouvoirs publics. En réalité, c'est aux Etats-Majors qu'il incombera, à la requête du Service de Santé, de donner aux observateurs, dans la mesure où ceux-ci seront disponibles, des missions d'exploration du champ de bataille, missions spéciales ou venant s'ajouter aux missions habituelles d'ordre purement militaire et susceptibles d'être remplies au moment où l'avion, revenant à terre, se trouve à une faible hauteur permettant la visibilité.

Aussi bien le projet ancien de faire explorer le champ de bataille par un avion portant la croix rouge se trouve aujourd'hui définitivement enterré. M. le Médecin Général Inspecteur Marotte, dans son rapport à la Commission de révision de la Convention de Genève de 1906, a jeté en ces termes les dernières pelletées de terre sur ce cadavre (1) : « Il ne s'agit plus, comme jadis, d'explorer le terrain à la recherche des blessés non relevés. D'ailleurs pareille exploration ne serait pas acceptée, parce que, sous le couvert de ce but, l'avion sanitaire ne serait plus, comme on l'a dit, qu'une vigie aérienne indiscrète. Les brancardiers, les brouettiers-brancards et les autos sanitaires blindées ou non, munies ou non de chenilles, suffisent à cette zone. Tout atterrissage y serait, en outre, impossible de par la nature même du terrain et, en le supposant réalisable, il ne pourrait se faire qu'en exposant gravement aux projectiles de toute nature le précieux fardeau que l'on désire sauver ».

---

(1) Ce n'est pas sans inquiétude que dans le projet français adressé à Genève, en vue de la révision de la Convention de 1906, j'avais lu cette proposition : « Sur le champ de bataille, l'altitude moyenne du vol ne devra pas dépasser 1.000 mètres ». J'ai cru devoir, dans mon exposé oral au *Ier Congrès International de l'Aviation sanitaire*, pousser le cri d'alarme au sujet de ce membre de phrase, qui semblait vouloir restituer à l'avion sanitaire sa fonction ancienne d'exploration du champ de bataille et je n'ai pas failli à la tâche, qui m'incombait de faire toutes réserves sur l'opportunité de ce retour sur un passé, qui aurait dû m'être plus cher qu'à quiconque, mais dont le principe, à la lueur de l'expérience acquise, me paraissait désormais condamnable ; je n'ai pas hésité à dire qu'une pareille proposition pourrait être la pierre d'achoppement de l'aviation sanitaire devant la Conférence diplomatique. Fort heureusement ce membre de phrase malencontreux n'a pas vu le feu de la rampe.

Au surplus, la question de savoir quel doit être le rôle exclusif de l'appareil aérien se trouve tranchée définitivement par le début même de l'article 18 de la Convention de 1929 : « *Les appareils aériens utilisés comme moyens de transport sanitaires jouiront de la protection de la Convention pendant le temps où ils seront exclusivement réservés à l'évacuation des blessés et des malades, au transport du personnel et du matériel sanitaires* ».

Ainsi l'avion sanitaire est un moyen de transport et pas autre chose et le texte précise qu'il jouit de la protection de la Convention pendant le temps où il est exclusivement réservé 1° à l'évacuation des blessés et des malades ; 2° au transport du personnel et du matériel sanitaires.

Cette rédaction est des plus satisfaisantes ; le texte élaboré par la sous-commission de l'aviation sanitaire et adopté le 12 Juillet 1929 par la Commission de rédaction ne protégeait que les appareils « exclusivement réservés au transport des malades et des blessés ». Plusieurs délégués et notamment celui des Etats-Unis se sont élevés contre cette rédaction qui semblait limiter à la seule évacuation des blessés et malades le rôle de l'avion sanitaire et il est très heureux qu'ils soient parvenus à faire inscrire dans le texte de la Convention des précisions sur l'emploi licite des appareils au transport du personnel et du matériel sanitaires (1).

---

(1) Les discussions qui ont précédé à Genève l'adoption de l'alinéa 1 de l'art. 18 n'ont plus qu'un intérêt rétrospectif. Je les reproduis par souci d'être complet, mais en les mettant en note : « On peut, a dit M. le Médecin Général Inspecteur Marotte, avoir souffert d'une insuffisance momentanée de personnel chirurgical ; pour une raison ou pour une autre, on éprouve le besoin de faire venir par avion, ne serait-ce qu'un chirurgien particulièrement qualifié pour le triage, en remplacement de son collègue tombé malade, devenu invalide ou incapable d'exercer sa fonction. Mais ces appareils qui transporteraient ces chirurgiens, à moins qu'ils ne se trompent et n'atterrissent en pays ennemi, rentrent dans le droit commun. Qu'il y ait un chirurgien à bord ou qu'il n'y en ait pas, peu importe. S'ils dépassent leur but, ils entrent dans le cas du paragraphe 5, où il est dit : « ...de même que le personnel sanitaire, demeurent au bénéfice des dispositions ».

A un autre moment de la discussion, M. le Médecin Général Inspecteur Marotte a prononcé ces paroles — je les reproduis d'autant plus volontiers qu'elles témoignent d'une préoccupation qui a toujours été la mienne au cours de ces dernières années — : « Cette question du transport du chirurgien et éventuellement d'appareils pouvant servir aux rayons X ou d'appareils chirurgicaux est évidemment très intéressante. Je vous demanderai cependant de vouloir bien considérer cette chose essentielle, que nous allons introduire dans la Convention de Genève une notion tout à fait nouvelle ; cette introduction n'est pas allée, jusqu'à présent, sans de vives réserves de part et d'autre. Or on semble s'être mis d'accord sur le principe de l'évacuation. Si nous sortons de ce principe, nous risquons fort de nous heurter à un *non possumus* de la part des signataires. Les Gouvernements n'accepteront peut-être pas — je n'en sais rien — des entorses possibles au principe qui, jusqu'à présent, a été seul admis. Tout le monde est à peu près d'accord aujourd'hui pour utiliser l'avion ou l'appareil aérien à sauver des existences. Vous me direz que c'est également sauver des existences que d'amener un chirurgien à l'avant. Mais qu'est-ce qui empêchera la nation qui envoie son avion à l'avant pour recueillir des blessés et les évacuer, de transporter en même temps des appareils jugés indispensables à une formation ou à une autre ? En un mot, j'appelle votre attention sur le danger que nous courons. A vouloir trop bien faire, dans un but éminemment louable et dont

IV. L'avion, organe d'évacuation et de transport de personnel et de matériel sanitaires. Encore la question du survol. Celles de la limitation de la hauteur du vol et de l'atterrissage.

Nous avons étudié plus haut, à l'occasion de l'exploration du champ de bataille, la question du survol. Cette question se pose avec non moins d'acuité lorsqu'il s'agit de l'évacuation.

Empressons-nous de dire que, en tout état de cause, le survol ne pourrait jamais être toléré dans l'hypothèse de localités investies (1).

---

je comprends très bien qu'il éveille des scrupules de la part des promoteurs, on risque de faire échouer l'ensemble pour un petit point de détail. Il faut se contenter de ce que j'appellerai une victoire, car ce sera tout de même une victoire que d'introduire l'aviation sanitaire dans la Convention de Genève. »

Quoi qu'il en soit, avec la rédaction arrêtée par la Commission, un doute pouvait subsister sur la légalité de ce transport à l'avant de personnel et de matériel sanitaires. Cette rédaction disait que l'appareil utilisé comme moyen d'évacuation jouirait de la protection, à la condition d'être *exclusivement* réservé au transport des malades et blessés. La question avait été nettement posée par M. Marotte de savoir si l'extension serait accordée à des appareils transportant du personnel et du matériel vers l'avant, pour le cas où ces appareils viendraient à se tromper et à dépasser les limites fixées. M. Dinichert, président de la Commission, avait ajouté : « Alors, la teneur de l'article actuel devrait, en somme, être considérée comme un minimum ? Je pose cette question, parce qu'on pourrait peut-être dire qu'on accepte provisoirement cet alinéa comme un minimum, sauf à y revenir en vue de lui donner une extension plus grande ».

Finalement la suppression du mot « exclusivement » ayant été proposée par le délégué de la Grande-Bretagne, cette suppression n'a pas été décidée.

Dans ces conditions et si le texte de la Commission était passé tel quel dans la Convention, la plus grande circonspection se serait imposée éventuellement en ce qui concerne le transport du personnel et du matériel malgré ces paroles très sages de M. Des Gouttes : « Ayant été appelé par le Comité international de la Croix-Rouge, à m'occuper de cette question, je me suis rendu compte qu'il fallait pour un moyen de transport aussi nouveau et en plein développement une Convention complète. Quand cette proposition a été transmise au Gouvernement suisse, il s'est rendu compte qu'il était prématuré de convoquer une conférence pour élaborer une convention complète sur l'aviation. Cependant quelques Gouvernements, particulièrement la Grande-Bretagne et la France, ont trouvé qu'il était indispensable de profiter de la révision de la Convention de Genève pour introduire quelques principes minimum. Ces principes adoptés en sous-commission et qui viennent de passer à la Commission n° 1 sont presque exactement ceux qui sont proposés par la Grande-Bretagne et la France. *Il ne s'agit pas de limiter un moyen exceptionnellement favorable de transport. Il s'agit simplement de donner des protections aux avions qui sont le plus exposés, c'est-à-dire ceux qui iront chercher sur le champ de bataille ou sur les premières lignes les blessés et les malades,* de façon à donner à ces derniers une chance d'être évacués directement sur des hôpitaux, où ils seront soignés et peut-être guéris. De sorte que, si nous voulons introduire quelque chose, dans cette Convention, sur l'aviation sanitaire, il faut s'en tenir pour le moment à ce qui est prêt, sauf à expliquer dans un Acte final qu'il n'a pas été possible de faire davantage. Si l'on voulait faire davantage, une quantité de Gouvernements diraient qu'ils n'ont pas été prévenus, qu'ils n'ont pas envoyé d'experts pour étudier ces questions et qu'il n'est pas possible d'entrer en matière. *Pour ma part, je n'ai jamais pensé qu'il y eût une tentative de limiter les moyens de transport. Mais nous indiquons quelles précautions, quelles restrictions doivent être mises dans la Convention pour protéger ceux qui sont le plus exposés et pour faciliter l'évacuation des blessés sur le champ de bataille par de nouveaux moyens.* »

(1) M. le Médecin Général Niclot l'avait déjà déclaré à la *XIe Conférence internationale de la Croix-Rouge*, car l'évacuation dans de pareilles conditions enlèverait à l'assiégeant « le gage légitime, d'après les tristes lois de la guerre, que constitue un blessé, et même l'arme indirecte que constitue une contagiosité expansive. » Sans doute une quarantaine de blessés ont été évacués du poste bloqué d'Aintab en Cilicie, et les Turcs n'ont pas tiré sur nos avions, mais rien ne prouve qu'il en serait de même dans une guerre continentale.

La question du survol ne se pose utilement que dans les cas d'une armée en campagne ou d'une armée immobilisée par la guerre de tranchées. L'évacuation se fera toujours sur l'arrière et théoriquement, donc, à moins de circonstances particulières, l'avion n'aura pas à survoler les lignes ennemies : mais le mot « survol » doit être pris dans une acception plus large, comprenant l'approche des lignes ou leur proximité, au moment de l'envol, lesquelles constituent un danger pour la partie adverse, étant donné la situation éminente de cette « vigie aérienne indiscrète », pour employer l'expression de M. le Médecin Général Niclot.

Pour bien comprendre la question de l'évacuation, il convient de se placer successivement au point de vue des rapports de l'avion sanitaire avec les forces de terre de l'ennemi et au point de vue de ses rapports avec les forces aériennes adverses.

Du point de vue où nous nous plaçons, voir chez l'ennemi équivaut à le rencontrer sur terre. Toute la question est alors de savoir si, au cours de son itinéraire, l'avion de transport pourra être exposé à voir chez l'ennemi.

S'il prend le départ assez loin des avant-postes ennemis pour qu'il soit *matériellement* impossible que, à aucun moment, il puisse être vu par l'adversaire et voir chez lui, la question d'immunisation n'offre aucun intérêt, sauf contre les prises de guerre à terre.

Plus délicate est la question quand, de bonne foi, le Service de Santé entreprend une évacuation par avion dans des conditions telles que le soupçon d'immixtion dans les hostilités ne puisse raisonnablement lui être imputé : il a choisi un point de départ suffisamment éloigné des avant-postes, l'avion vole à une faible altitude et l'itinéraire adopté ne passe, en aucun point, en vue des positions connues de l'ennemi. Mais il faut compter avec l'imprévu, avec une hernie inattendue dans la ligne du front, par exemple.

Du secret de l'avance de l'ennemi dépend le succès d'une opération qui peut être d'une importance capitale. L'ennemi a vu l'appareil et il peut craindre d'avoir été vu par lui. Que va-t-il faire ? Si, au lieu d'un convoi aérien, il s'agissait d'un convoi à terre, nous savons ce qu'il pourrait faire : il capturerait le convoi et il le détiendrait, pour que le secret militaire soit gardé. Mais, en l'occurrence, cette capture n'irait pas sans difficulté. Ce que peut faire le commandement ennemi, c'est d'ouvrir le feu dans la direction de l'avion, pour lui intimer l'ordre, soit d'atterrir, soit de s'éloigner et, si celui-ci n'obéit pas, de tirer sur lui. C'est le seul remède possible, si indésirable soit-il tant pour l'avion — et cela va de soi — que pour la partie adverse qui, en tirant, révèle sa présence et peut, dans certains cas, perdre, de ce fait, le bénéfice d'une avance soigneusement tenue secrète.

Ce remède est celui auquel ont pensé tous ceux qui ont réfléchi à ce problème (1). C'est celui qui a été consacré dans le 4ᵉ alinéa de l'article 18 de la Convention de 1929 : « Les appareils sanitaires aériens devront obéir à toute sommation d'atterrir » (2).

Mais supposons même que le front n'ait pas bougé. Il paraît quand même bien délicat de chercher la solution du problème dans des circonstances de fait plus ou moins réalisables, telles que celles déjà citées. Placer le point de départ des évacuations aériennes loin du front ? Mais on perd ainsi une bonne part du

---

(1) « Il est certain, a dit au *Iᵉʳ Congrès International de l'aviation sanitaire*, M. le Médecin Lieutenant Colonel Schickelé, que l'activité des avions devra être réglementée à ce point de vue et je crois qu'il sera nécessaire que la Convention de Genève prévoie un article spécial pour éviter qu'un avion sanitaire puisse être considéré par l'ennemi comme un moyen de combat ou d'observation. Eh bien, pour cela, il faut qu'il y ait un procédé spécial pour dire à l'avion sanitaire : N'allez pas plus loin, je vous donne l'ordre d'atterrir ou, si vous enfreignez mes prescriptions, je vais tirer sur vous. C'est la semonce d'usage courant sur mer. Même disposition en ce qui concerne l'avion de chasse qui pourra faire la police du ciel au même titre que l'artilleur antiaérien qui fait aussi la police du ciel ».

(2) On remarquera qu'il n'est question que de la sommation d'atterrir et non de celle de s'éloigner. Peut-être y a-t-il là une lacune qu'il y aura lieu de combler dans l'avenir. Le délégué du Mexique a fait, à cet égard, à la séance du 12 Juillet 1929 de la Commission de révision, allusion à l'utilité de sommations destinées à avertir l'avion qu'il vole au-dessus de la zone interdite.

De qui peut émaner cette sommation ? On peut imaginer qu'elle émane de l'autorité militaire de la même nationalité que l'avion, mais elle serait difficilement compréhensible et M. le Médecin Général Inspecteur Marotte a émis l'opinion qu'elle serait dangereuse. C'est donc normalement de l'autorité militaire ennemie qu'elle émanera et le texte en question a pour objet de lui en conférer spécialement le droit.

L'alinéa 5 de l'article 18 ajoute que, en cas d'atterrissage ainsi imposé ou fortuit, sur territoire ennemi ou occupé, les blessés et les malades, de même que le personnel et le matériel sanitaires, y compris l'appareil aérien, demeureront au bénéfice des dispositions de la présente Convention.

Le délégué du Royaume des Serbes, Croates et Slovènes avait proposé d'ajouter un alinéa supplémentaire prévoyant que le personnel et l'appareil ne seront rendus qu'à la condition de n'avoir pas commis d'actes nuisibles à l'ennemi. Le rapporteur, M. Marotte, lui a fait observer que cela résultait du texte même des propositions. « Nous disons qu'en cas d'atterrissage imposé — et, si on suppose un atterrissage, c'est qu'on a des suspicions à l'égard de l'appareil qui vole précisément au-dessus des lignes du territoire ennemi — l'Etat, au pouvoir duquel l'appareil tombe, a le droit d'en vérifier la mission. Il découle absolument du texte même que, si l'appareil n'a pas rempli sa véritable mission, il doit être retenu. »

A la Commission de révision le délégué du Mexique avait proposé de rédiger ainsi l'alinéa 4 : « Les appareils sanitaires aériens *survolant les zones défendues* doivent obéir à toute sommation d'atterrir ». Le mots en italiques ne sont pas passés dans la rédaction définitive sur l'observation présentée par M. Des Gouttes qu'il serait difficile de savoir si l'avion survole vraiment les zones défendues, le fait de ce survol ne pouvant être déterminé que lorsque l'appareil a atterri. Et M. Marotte d'ajouter qu'une sommation d'atterrir ne se comprend que si la zone défendue ou les lignes ont été survolés ou si l'ennemi estime que la limite a été dépassée.

bénéfice du transport aérien, le transport par autos sanitaires étant surtout pénible dans les abords défoncés du front de bataille. Voler assez bas pour que l'ennemi ne puisse, à aucun moment, voir ni être vu ? Mais, s'il faut survoler des hauteurs, l'avion se verra exposé, à certains moments, à dominer de très haut et à voir très loin. Tout l'inconvénient redouté peut réapparaître du fait d'un simple accident de terrain, et, de toutes façons, nous retombons dans ce dilemme : ou il n'y a pas de rencontre possible avec l'ennemi, et la croix rouge ne sert à rien, ou, la rencontre étant possible, l'avion secourable risque de ne pas être respecté, entaché qu'il serait du soupçon d'immixtion dans les hostilités.

Le problème se complique encore davantage si l'on envisage les relations de l'avion sanitaire avec l'aviation ennemie. C'est alors qu'apparaît l'intérêt des insignes de Genève, non seulement sous les ailes, mais aussi sur les ailes des avions évoluant *à l'arrière et à l'intérieur.*

L'avion qui s'élève loin du front ne peut guère plonger des regards indiscrets dans les positions terrestres de l'ennemi, mais il peut scruter l'horizon et surprendre les secrets des mouvements de la flotte aérienne ennemie.

Ces considérations m'avaient naguère amené aux conclusions les plus pessimistes. Fort heureusement, M. Des Gouttes, en 1925, m'a apporté le réconfort de sa foi inébranlable dans l'aboutissement des principes humanitaires. Voici l'essentiel de son argumentation :

1°) Tout d'abord, la possibilité de découvrir les positions ennemies n'est pas nouvelle ; elle existait avant la signature de la Convention de Genève et n'a pas empêché la conclusion de ce pacte (1) ; elle n'a pas empêché davantage la Convention de 1864 d'être précisée en 1906 et maintenue dans ses principes fondamentaux. « Le fait que le danger sera plus fréquent parce que la possibilité de surprendre ces secrets sera plus grande et la tentation plus forte, doit-il faire abroger le privilège d'immunité ? Il n'y a pas là, semble-t-il, un fait vraiment nouveau qui doive entraîner un principe nouveau. Il n'y a qu'un degré de facilité de plus, et, peut-être, une précaution de plus à prendre. Les avia-

(1) Fauchille et Politis citaient déjà cet exemple d'acte hostile à l'ennemi, faisant perdre l'immunité conventionnelle : le personnel, disaient-ils, ne doit pas entrer sans permission dans la ligne d'opérations de l'ennemi, car il peut, en surprenant le secret de ses positions, lui causer un grave préjudice. C'est ainsi qu'ont agi les Japonais dans la guerre russo-japonaise, en 1904.

teurs seront dûment avertis, aussi bien que le personnel sanitaire sur terre : s'ils survolent les lignes ou s'en approchent assez pour découvrir les positions cachées, ils s'exposent à la capture et au tir. Sans doute, les possibilités de surprendre les secrets seront infiniment plus grandes par l'emploi, inconnu en 1906, de la voie aérienne ; il n'y a pas besoin, pour en être incriminé, de pénétrer dans les lignes ennemies. Mais les canons à longue portée, la précision du tir à des kilomètres de distance, la chasse par avion, ne se sont-ils pas créés ou développés dans des proportions analogues ? Et, si le danger s'est accru, les moyens d'y parer ne se sont-ils pas multipliés dans la même mesure ? »

C'est tout à fait exact et M. Des Gouttes avait grandement raison de ne pas voir dans ce danger de révélation un motif absolu de refuser *a priori* aux avions sanitaires le bénéfice de la Convention de Genève.

J'avais dit, il est vrai — et M. Des Gouttes de me le rappeler — qu'il serait déplorable d'accoutumer les troupes à devoir tirer sur un avion portant la croix rouge et risquer d'effacer ainsi, dans l'esprit du soldat, la notion de neutralité et de respect, qui doit s'imposer au seul aspect de cet emblème. « Mais n'a-t-on pas maintes fois, au cours de la grande guerre, tiré à tort ou à raison sur des hôpitaux portant la croix rouge, soupçonnés de ne pas servir exclusivement à abriter des blessés ? Il y a là un mal, sans doute, un risque fâcheux de prétexte et d'abus — d'un côté comme de l'autre : dans l'usage illicite de l'hôpital comme dans l'attaque injustifiée de la formation sanitaire. Mais le principe même de neutralité doit être maintenu. Et, si l'on veut conserver la Convention de Genève, un des actes internationaux qui honore le plus l'humanité, il faut supposer, même en temps de guerre, la bonne foi de l'adversaire et son respect de ce pacte charitable, comme on lui demande de ne pas présumer chez soi-même la mauvaise foi... »

2°) Au surplus, M. Des Gouttes estime que le danger n'est pas aussi grand qu'on le suppose : les Etats-Majors qui disposent de toute une organisation d'avions de chasse et d'observation n'ayant, dans les conditions normales, rien à apprendre des avions sanitaires qu'ils ne sachent déjà (1).

(1) « C'est à l'avion de reconnaissance, observe très justement M. Des Gouttes, qu'on confiera, à ses risques et périls, les reconnaissances à vol d'oiseau des terrains de combat, la fonction de découvrir les positions ennemies, et c'est contre lui que l'ennemi aura à se défendre bien plus que contre l'avion sanitaire et les indiscrétions que celui-ci pourrait commettre. Le belligérant n'exposera pas de gaîté de

Et M. Des Gouttes d'ajouter très justement que les belligérants seront sur un pied d'égalité : le risque de divulgation que leur aviation sanitaire fera courir à l'ennemi, ils l'imposeront, de leur côté, inversement, à leur adversaire ; il n'y aura d'infériorité que dans le développement de l'aviation sanitaire. Conclusion, à laquelle je ne puis que me rallier : c'est à chaque Etat qu'il incombe d'y parer.

3°) En troisième lieu, à supposer que la difficulté reste réelle et l'obstacle sérieux, l'auteur du projet estimait à bon droit que rien ne doit empêcher les Etats signataires de la Convention de Genève de compléter la Convention sur ce point et de prohiber réciproquement et dans l'intérêt mutuel des victimes de la guerre le tir sur un avion sanitaire qui n'apparaît pas manifestement sortir de son rôle (1).

Je me suis rallié, avec un véritable soulagement, aux apaisements qui m'arrivaient de Genève si opportunément et d'une voix si autorisée. Par contre, je n'ai pu suivre M. Des Gouttes dans sa mansuétude à l'égard du survol. Le *Comité juridique international de l'aviation* avait, sur ma proposition, admis que la protection de Genève cesse en cas de survol des lignes ennemies. « Peut-être, disait M. Des Gouttes, les exigences militaires dont les Etats-Majors doivent à juste titre conserver avant tout le souci, imposent-elles cette règle absolue. Il sera permis aux humanitaires, qui se placent à un autre point de vue, de revendiquer le plus pour obtenir le moins. Tel avion qui se trouve survoler les lignes ennemies n'a peut-être qu'un but exclusivement charitable. Il est possible qu'il soit indispensable de survoler ces lignes pour sauver des blessés. Le survol sera peut-être d'un instant. L'avion sani-

---

cœur l'avion sanitaire au danger d'un tir justifié, quand il peut obtenir, à moins de risques, des avantages très supérieurs d'un avion de reconnaissance à vol rapide. Il aura souci de conserver, dans son propre intérêt, à l'avion sanitaire sa seule fonction de secours aux blessés de son armée. Une fois que ce mode de secours aura acquis toute la valeur et tout le développement que ses avantages doivent lui assurer le belligérant n'aura pas intérêt à risquer de voir son rôle humanitaire paralysé par une imprudence, la plupart du temps inutile. Sa véritable fonction et son utilisation normale seront à l'arrière, loin des positions ennemies. Les avions de reconnaissance, les *saucisses* n'auront-ils pas bien plus vite fait que les avions sanitaires de repérer les positions ennemies, de découvrir un mouvement tournant, une manœuvre dissimulée ? Quel renseignement l'avion sanitaire pourrait-il apporter que les Etats-Majors n'auraient pu déjà et plus sûrement recueillir ? »

(1) Ils ne feront ainsi, observe M. Des Gouttes, que développer les motifs en vertu desquels ils ont, dans le passé, volontairement, par souci humanitaire, restreint leur liberté d'action et se sont interdit, en faveur des malades et des blessés, certaines mesures que la seule considération de l'intérêt militaire leur aurait conseillé de se réserver. Oui, ce mode de transport des blessés présente trop d'avantages pour qu'on y renonce, et j'ai avec M. Des Gouttes, la conviction que, là encore, comme en 1864 « le cri de l'humanité l'emportera sur les exigences strictement militaires et les hésitations juridiques ».

taire sera-t-il inexorablement disqualifié pour cela et criblé de balles ? Tel autre qui ne survole pas les lignes ennemies a peut-être un but moins loyal et moins humanitaire. La guerre a enseigné quelque scepticisme quant à la pureté des intentions de certains Etats-Majors. D'autre part, l'avion sanitaire qui se trouve survoler les lignes ennemies se rendra-t-il toujours compte qu'il les survole ? Ne pourra-t-il pas en maintes circonstances invoquer l'erreur en toute bonne foi ? »

Cette même doctrine, le Comité international, par la bouche de M. Des Gouttes, en revendiquait l'application à la guerre aérienne. « S'il est techniquement possible, par un signal conventionnel ou par un moyen coercitif comme le tir de barrage, de forcer un avion sanitaire à atterrir, le droit de défense de l'ennemi doit s'arrêter là. S'il a des soupçons, il a le moyen de les vérifier. S'ils sont fondés, les lois inexorables de la guerre doivent s'appliquer. S'ils ne le sont pas, si l'avion est exclusivement sanitaire et ne poursuivait avant son atterrissage forcé qu'un but évidemment humanitaire de secours aux blessés, il devra jouir de l'immunité proclamée par la Convention, même s'il se trouve avoir survolé les lignes ennemies. En d'autres termes, la protection ne cesse (toujours sous réserve de la possibilité technique d'obliger à l'atterrissage) que lorsque la violation est établie et non pas seulement supposée. Et, de même que l'on n'a pas le droit de torpiller d'emblée un navire hôpital, mais seulement de l'arrêter, de le visiter, de le détenir, même en cas de circonstances graves, (art. 4 de la Convention de La Haye de 1907), de même le droit de défense du belligérant devant un avion sanitaire consiste à le forcer à atterrir, à subir une visite et même une détention selon la gravité du cas, — mais il doit s'arrêter là. »

Ces paroles sont à retenir. Elles sont corroborées par ces mots du président du *Comité juridique international de l'aviation*, M. de Lapradelle : « Il faudrait toujours, disait-il, que le cas de fraude fût réservé. Nous faisons une opération sincère ; il ne s'agit pas d'un stratagème, d'une ruse de guerre ; on remplit une mission humanitaire. »

C'est tout à fait exact ; mais il est un point, sur lequel j'ai eu le regret de ne pouvoir tomber d'accord avec M. Des Gouttes, à savoir sur l'opportunité de revendiquer le plus pour obtenir le moins. D'une enquête à laquelle je m'étais livré à la veille des réunions de Lyon et de Genève, j'avais retiré très nettement l'impression que les Etats-Majors ne toléreraient pas l'évolution des avions sanitaires dans la zone des hostilités et j'avais proposé, tous les blessés ne pouvant être évacués par avion et un tri préalable étant obligé, de fixer le point de départ des évacuations aériennes, au plus près, au centre de triage. J'ai dit et je répète que si nos avions se montraient tant soit peu encombrants, les Etats-Majors leur couperaient impitoyablement les ailes et il est venu à ma connaissance, à l'époque, que dans certains milieux, en France, on était d'avis de ne pas souscrire à des conventions internationales où seraient édictées des règles qui mettraient en situation défavorable ceux qui se croiraient tenus de s'y conformer scrupuleusement.

« Il est possible, ajoutait M. Des Gouttes, qu'il soit indispensable de survoler les lignes pour sauver des blessés ». Je conviens que ce survol serait indispensable pour sauver des blessés encerclés ou laissés en arrière ou, plutôt, je conviens que ce serait indispensable pour pouvoir les sauver. Malheureusement, le droit des gens s'y oppose. Rappelons-nous, selon les paroles terribles de M. le Médecin Général Niclot, que ce serait enlever à l'assiégeant le gage légitime, d'après les tristes lois de la guerre, qu'est un blessé et même l'arme indirecte que constitue une contagiosité expansive. — Et puis, comme l'a dit M. le Médecin Général Uzac, « les blessés du moment peuvent devenir les combattants du lendemain ».

Ne demandons que ce que nous pouvons obtenir. Nous avons à introduire dans les armées cette nouveauté, aux yeux de certains subversive, qu'est l'avion sanitaire. Nous avons à obtenir que l'on nous tolère. Ne demandons pas le plus pour obtenir le moins, sans quoi nous n'obtiendrons rien. C'est ce que j'ai dit et répété à satiété, depuis des années et encore à Lyon et Genève en 1925, à Paris en 1929. J'ai la satisfaction d'avoir retrouvé les mêmes idées, sous la plume de M. le Médecin Général Inspecteur Marotte, dans son rapport à la Conférence diplomatique de Juillet 1929. Mais revenons à octobre 1925. J'ai fait, par avance, au début de ce travail, l'historique des débats auquel le survol des lignes avait donné lieu, à Genève, à la *XIIe Conférence internationale de la Croix-Rouge* de 1925. J'ajouterai seulement que la thèse favorable à la liberté du survol, thèse soutenue par M. Des Gouttes, s'inspirait avant tout du souci de préparer une convention pour la guerre aérienne, ayant le plus de chances d'être acceptée par les Etats signataires des conventions précédentes, s'écartant, par conséquent, le moins possible des textes déjà acceptés par les Etats. Or, la Convention de 1907, relative à la guerre maritime, ne déterminait pas les actes nuisibles l'ennemi, laissant les Etats-Majors seuls juges de la nocivité de ces actes. Le survol, ajoutait-on, n'est pas nécessairement une preuve de mauvaise foi et la simple approche peut permettre de surprendre des secrets.

En sens opposé M. le Général Pau a soutenu à Genève, en 1925, que le survol ne devait être autorisé à aucun moment, même après la bataille, attendu que, dans les guerres modernes on ne sait jamais quand la bataille est terminée. Au moment où l'on pourrait supposer qu'elle l'est, les hostilités reprennent sur les points les plus inattendus. Le survol constituerait, pour les deux partis, un danger considérable, car il n'y aurait plus de surprise tactique ou stratégique ni pour l'un, ni pour l'autre. Et à l'encontre du précédent de 1907, le Général Pau a fait remarquer que les avions qui se déplacent avec une très grande rapidité dans une région dominant les hostilités ne peut être assimilé aux navires-hôpitaux évoluant à une vitesse limitée sur la surface même où se développent les hostilités. Et l'orateur d'ajouter qu'il s'agit d'une question internationale et qu'il ne suffit pas de dire que, très probablement, les avions ne survoleront pas les lignes ennemies ; il importe que toutes les parties soient liées par une même prescription ; il faut donc bien qu'il y ait à cet égard une règle explicite. Celle-ci avait été traduite dans l'article 4 du projet Des Gouttes par la rédaction suivante proposée par M. le Médecin Général Marotte : « Le survol et même l'approche des lignes dans une limite à déterminer par un accord des gouvernements sont rigoureusement interdits, sauf licences spéciales et expresses ».

C'est la même pensée qui revient dans l'article 18 de la Convention révisée : « *Sauf licence spéciale et expresse, le survol de la ligne de feu, de même que de la zone située en avant des grands postes médicaux de triage, ainsi que d'une manière générale, de tout territoire ennemi ou occupé par l'ennemi sera interdit* ».

« La question du survol, a dit M. le Médecin Général Inspecteur Marotte, devait, de toute évidence, solliciter toute notre attention. C'est en effet, en quelque sorte, la pierre d'achoppement de l'aviation sanitaire. Tout ce qui peut être dit ou écrit sur ce sujet l'a été dans les divers congrès de navigation aérienne, comme dans les Conférences XI et XII de la Croix-Rouge. Point n'est besoin d'y revenir ici, — cela d'ailleurs adourdirait singulièrement ce rapport déjà long —. Je tiens à vous assurer que les opinions antérieurement exprimées à ce sujet ont été considérées avec grande attention.

« Il y avait, tout d'abord, une procédure simpliste qui consistait à passer la question sous silence, comme n'étant pas du ressort de la Conférence et paraissant être du domaine des seuls Etats-Majors. Un texte amputé de cette sorte ne nous a paru ni honorable ni viable. Un second moyen consistait à laisser le survol des lignes aux risques et périls des intéressés. Nous avons estimé qu'une rédaction de ce genre laisserait beaucoup trop de latitude aux pilotes et qu'elle autoriserait les troupes à tirer trop souvent sur l'emblème de la croix rouge, chose qui serait infiniment regrettable et dont on ne doit envisager la possibilité que dans les cas d'erreurs tout à fait involontaires.

« Restait une troisième solution : imposer aux appareils sanitaires aériens une limite infranchissable. C'est cette idée qui a prévalu. La difficulté n'en subsistait pas moins grande. La France a proposé cette limite à 10 kilomètres des lignes (1) ; ce serait parfait si, comme l'a fait observer la délégation britannique, l'on se trouvait toujours avec un front à peu près immuable, comme dans les périodes de stabilisation de la dernière guerre. Il n'en saurait plus être de même dans la guerre de mouvements avec les variations fréquentes et parfois rapides de la ligne de feu ».

Et M. le Médecin Général Inspecteur Marotte de rappeler qu'il avait personnellement proposé la rédaction suivante, déjà rapportée plus haut : « Le survol et même l'approche des lignes sont rigoureusement interdites dans une limite à déterminer par les Gouvernements ». Mais les membres de la sous-commission de 1929 ont estimé que l'accord envisagé ne pourrait pas être obtenu avant un assez long délai. En réalité, la proposition du Général Marotte de 1925 ne visait pas une limite à fixer après le début d'une guerre, mais bien un accord à réaliser dès la paix, après la signature de la Convention : « Quoi qu'il en soit, il fallait trouver

(1) MM. le Médecin Lieutenant-Colonel Schickelé et le Capitaine Crochu, dans leur rapport sur l'aviation sanitaire, organe d'évacuation en temps de guerre, au *Ier Congrès international de l'Aviation sanitaire*, estiment que l'avion ne pourra normalement dépasser vers l'avant l'échelon du corps d'armée, ce qui représente une distance de 10 kilomètres environ du front. Cette opinion avait déjà été émise au *VIIe Congrès international de législation aérienne* de 1925, par M. le Médecin général Lannes.

autre chose. Pour ce faire, il convenait de se placer dans la situation de l'avion évacuateur. Qu'a-t-il à faire près des lignes ? Rien. Il ne s'agit plus, comme jadis, d'explorer le terrain à la recherche de blessés non relevés... Et puis, il ne s'agit pas d'évacuer n'importe quel malade ou blessé. L'appareil, quel qu'il soit, qui abordera même à 8 ou 10 kilomètres du front, ne sera jamais qu'un petit porteur (1). Son action sera donc limitée à un petit nombre de bénéficiaires et c'est la notion qui, en pareille matière, doit dominer toutes les autres. Il faut, par suite, de toute nécessité, qu'il desserve des formations sanitaires, où un triage méthodique peut être effectué dans de bonnes conditions, c'est-à-dire celles-là seules où se trouve un chirurgien qualifié, particulièrement avisé pour décider en toute conscience que tel ou tel cas est justifiable de bénéficier d'un transport rapide en arrière, plutôt que tel ou tel autre. Il faut aussi que les formations sanitaires envisagées soient situées assez loin pour leur permettre d'avoir, à proximité, un terrain d'atterrissage d'une surface suffisante et, par ailleurs, assez isolé pour être distingué de haut.

« Dans le règlement sur le Service de Santé en campagne français de tels emplacements correspondent à ceux des formations sanitaires de corps d'armée et c'est ce motif qui a déterminé le choix fait par la proposition française de la limite de 10 kilomètres depuis le front. Mais les divers Services de Santé n'emploient pas les mêmes termes et il n'en existe aucun qui ait une signification assez générale pour pouvoir être choisi. L'on ne peut donc que considérer le principe essentiel de la limitation, qui est le triage chirurgical à faire avec toute la rigueur nécessaire. Quel que soit le nom que portent, dans les divers règlements du service de Santé, ces grands postes de triage méthodique, c'est à leur niveau que nous entendons placer la limite extrême à ne pas dépasser par les appareils sanitaires aériens » (2).

La limite des grands postes médicaux de triage est pleine-

(1) M. le Médecin Général Inspecteur Marotte n'est pas d'accord sur ce point avec MM. le Médecin Lieutenant-Colonel Schickelé et le capitaine Crochu, lesquels, dans leur rapport précité, estiment que, dans une guerre continentale, seul l'appareil gros porteur est intéressant, parce que, seul, il donne un rendement en rapport avec le chiffre des évacuations d'une bataille moderne.

(2) Pour déférer au désir de la délégation britannique, la sous-commission a ajouté l'interdiction de survoler tout ouvrage fortifié et par la suite on a substitué aux mots « tout ouvrage fortifié » les expressions plus générales de « tout territoire ennemi ou occupé par l'ennemi ». La même délégation aurait désiré voir semblable prohibition s'étendre aux navires de guerre. Mais, comme l'a dit à juste titre M. Des Gouttes, ce sont les Conventions de 1864 et de 1906 qui se discutaient à Genève en 1929, et non celle de 1907 relative à la guerre maritime, dont les dispositions pourront être remaniées en conséquence, lorsque son tour sera venu.

ment satisfaisante ; elle est conforme à ce que je demande depuis plusieurs années et que j'ai demandé pour la première fois dans mon second rapport au Comité directeur *en Comité juridique international de l'Aviation* (1).

En tenant compte des enseignements de la grande guerre et de l'organisation du Service de Santé en campagne français, le point de départ des évacuations aériennes se situerait donc au plus près au niveau du poste de secours divisionnaire, à ce que, dans notre terminologie française, on appelle le Centre de triage, soit, d'après les données les plus récentes à une distance de 3 à 4 kilomètres, 6 kilomètres au plus de la ligne de feu.

Telle aurait été la situation de fait, s'il avait existé une aviation sanitaire lors de la grande guerre. Quelle sera-t-elle dans une guerre future ? — C'est le secret de l'avenir (2). On reconnaîtra qu'en présence d'une pareille incertitude la formule de « grands postes médicaux de triage » employée par la nouvelle Convention de Genève est une formule à la fois souple et très prudente.

A l'alinéa 3 il avait été proposé devant la Commission de révision d'ajouter les mots : « tout survol contraire est aux risques et périls » ; mais, au vote, cette adjonction n'a pas été retenue et cela est très sage pour les motifs déduits plus haut.

A la question du survol se rattache celle de la réglementation de la hauteur du vol des appareils aériens. Au *VIIe Congrès international de législation aérienne* de Lyon de 1925 cette limitation de la hauteur avait été envisagée et un pilote militaire, M. Herréra, avait proposé d'interdire à l'avion de voler à une hauteur telle qu'il puisse être vu du terrain ennemi sous un angle avec l'hori-

---

(1) *Revue juridique internationale de la locomotion aérienne* d'avril-juin 1925 ; *Recueil de documents* de Des Gouttes et Julliot, 2e éd., p. 75. De toutes façons, disais-je dans ce rapport, il faut renoncer à l'utopie de l'avion venant recueillir le blessé sur le champ de bataille ou à ses abords. Outre les difficultés d'atterrissage en cette zone ravagée, il est matériellement impossible, dans l'état actuel des choses tout au moins et dans une grande guerre européenne, de songer à évacuer tous les blessés par ce moyen ; on doit, jusqu'à nouvel ordre, le réserver au bénéfice exclusif des blessés réclamant une intervention d'urgence ; seul un tri peut indiquer lesquels ; or le tri, impossible sur le champ de bataille, ne peut être fait qu'au centre de triage.

(2) M. le Docteur Tilmant nous en a brossé un tableau saisissant à Rome en 1927. Les travaux poursuivis dans les domaines de la balistique, de l'aviation, de la chimie de guerre et même de la microbiologie font présager une extension du front sur une telle profondeur qu'il ne voit la possibilité pour les chirurgiens d'opérer et pour les blessés de guérir qu'à la condition de reculer les grosses formations médico-chirurgicales, ce qu'il appelle les *villages sanitaires*, à des 200 ou 300 kilomètres du front, villages sanitaires qui seraient neutralisés et, à cet effet, largement signalés de jour par un jalonnage à déterminer et de nuit par un éclairage intense. Dans la zone du front ne pourraient atterrir que des avions légers, genre Hanriot, enlevant deux blessés au plus et les conduisant à 50 ou 100 kilomètres sur des terrains d'atterrissage organisés, d'où partiraient des avions moyens ou gros porteurs, chargés de rallier les villages sanitaires.

zon supérieur à 1/10. On peut voir l'avion, a-t-il dit, s'il a cet angle de 1/10 et, dans cette position, l'avion peut voir dans le champ ennemi, mais il ne peut faire d'observations précises.

Cette idée a été reprise par la France dans son amendement au projet de révision, proposition tendant à limiter la hauteur à 1.000 mètres ; elle a été appuyée à la Commission de révision par le Lieutenant-Colonel Shimomura au nom du Japon, successivement sous cette forme et sous forme de limitation ne devant pas dépasser l'altitude nécessaire au service des évacuations.

Cette proposition a été combattue par M. Warner au nom de la Grande-Bretagne ; il estimait que cette limitation pourrait être dangereuse pour la sécurité de l'avion en cas d'atterrissage, et ajoutait qu'il serait impossible de savoir quelle hauteur est nécessaire pour l'évacuation, cette hauteur pouvant varier avec les circonstances, avec le brouillard, par exemple.

Au surplus, M. le Médecin Général Inspecteur Marotte a déclaré que la sous-commission avait longuement étudié cette idée de limitation de hauteur, mais que, si cette proposition avait été écartée, c'est uniquement parce que cette sous-commission avait estimé qu'il s'agissait là d'une question de détail technique rentrant dans les détails qui seront codifiés ultérieurement.

V. Statut du personnel et plus spécialement des pilotes.

Nous arrivons à la question du personnel et plus particulièrement à celle des pilotes.

Nous savons qu'aux termes de l'art. 2 de la Convention de 1864 l'immunité de Genève couvrait le personnel des hôpitaux et ambulances comprenant les services de santé, d'administration, de *transport des blessés*.

La Convention de 1906, dans son article 9, précisait qu'il s'agissait du « personnel *exclusivement* affecté à l'enlèvement, au transport et au traitement des blessés ». Sous l'empire de ces Conventions, l'immunité du personnel ne faisait aucun doute en ce qui concerne les médecins, pharmaciens, officiers d'administration et infirmiers pouvant se trouver à bord des avions. Il ne m'a jamais paru qu'il pût être soulevé de difficulté non plus en ce qui concerne les pilotes, mécaniciens, manœuvres et opérateurs de T. S. F., dès lors qu'ils auraient été *exclusivement* affectés à une branche déterminée du service sanitaire.

En aurait-il été différemment s'ils avaient été employés de manière occasionnelle ? Il est dit au *Manuel de la Croix-Rouge*, p. 42, que le convoi cesserait d'être inviolable si, à côté des blessés, il comprenait du personnel ou du matériel de guerre. Par ailleurs, on a toujours considéré comme non couverts par la croix rouge les militaires employés de manière occasionnelle, ceux qui, en dehors des moments où ils sont requis pour l'enlèvement des blessés, jouent le rôle de combattants. Il n'en aurait pas été de même pour les pilotes et mécaniciens d'avions, l'art. 14 de la Convention de 1906 ayant eu le soin de couvrir de sa protection « les formations sanitaires mobiles, y compris les attelages, quels que soient les moyens de transport et le *personnel conducteur* ». Cette protection n'a jamais été contestée aux automobilistes et aux hommes du train des équipages, conducteurs des voitures du Service de Santé. Logiquement, il n'aurait jamais dû être question d'un traitement différent pour les conducteurs ou pilotes des avions, et leurs mécaniciens. On ne peut nier cependant qu'il y ait une nuance. Les pilotes possédant des aptitudes d'observation bien autrement redoutables pour l'ennemi que de simples conducteurs d'attelages ou chauffeurs d'automobiles, la question s'est posée de savoir s'il ne conviendrait pas, dans l'intérêt même de l'aviation sanitaire, que les pilotes du Service de Santé fussent attachés à celui-ci d'une façon exclusive. Il pourrait, en effet, y avoir matière à une certaine défiance si le même pilote faisait alternativement fonction d'observateur ou de bombardier et fonction de pilote d'avion sanitaire.

Mais dans la pratique, cela est impossible, en raison de la rareté des pilotes. Cela ne serait possible que pour des pilotes neutres engagés pour la durée de la guerre au titre exclusif de l'aviation sanitaire. Et puis, ainsi que l'a fait remarquer M. de Lapradelle, le contrôle est parfaitement possible et la sanction certaine. Un pilote d'avion sanitaire est pris : l'ennemi s'assure de son identité et le relâche. Est-il fait par la suite prisonnier sur un avion de guerre, il est passé par les armes. De même que, pendant la guerre, les infirmiers français rendus, après avoir été faits prisonniers, ont dû être conservés dans le Service de Santé, alors même que, de par leurs classes, ils auraient dû être versés dans l'infanterie, de même les pilotes faits prisonniers sur avions sanitaires et rendus, devront rester affectés définitivement au Service de Santé. Cette conclusion est grave. N'est-il pas à craindre que la menace de devenir sanitaires et de le rester, en cas de capture, jusqu'à la fin des hostilités ne paraisse intolérable à l'immense majorité des pilotes et, par contre, ne pourra-t-il s'en trouver — ce sera certes extrêmement rare dans ce corps d'élite — pour qui cette menace soit, au contraire, une tentation, celle de finir la guerre dans des conditions moins dures et moins périlleuses ?

Quoi qu'il en soit et telle a été la conclusion de M. de Lapradelle à la séance du *Comité juridique international de l'aviation* du 27 avril 1925, le pilote ne peut pas, une fois prisonnier et rendu, être désaffecté ; mais, jusque-là, il peut faire alternativement du service de guerre et du service sanitaire.

Cette conclusion, à laquelle nous étions arrivés au *Comité juridique international de l'aviation* en Avril 1925, est d'une importance capitale. Le personnel des pilotes est un personnel d'élite, d'un recrutement tellement difficile qu'il est impossible de songer à en avoir un nombre suffisant pour faire des affectations exclusives au Service de Santé.

Et puis, au point de vue du rendement, et aussi au point de vue de l'entraînement, il est hautement à désirer que les pilotes puissent alternativement et selon les circonstances faire du service de guerre et du service sanitaire. Quand le Service de Santé aura besoin de pilotes, l'Aviation militaire, si elle en a de disponibles, les lui prêtera toujours ; mais s'il faut les lui abandonner à titre définitif, cette aviation militaire qui les forme — et ils ne peuvent pas être formés ailleurs — et du giron de laquelle ils sortent, voudra-t-elle les laisser partir ? Le Service de Santé a tout intérêt à ne pas tenter l'expérience. La cause paraissait dès lors entendue. Cette solution était en conformité avec les conventions et usages internationaux antérieurs à 1929, elle se trouvait consacrée par les articles 8 et 9, dernier alinéa, du projet Des Gouttes, cet alinéa final ajouté à la demande du Lieutenant Général Collette et à la mienne, stipulant formellement que la restitution des pilotes aviateurs sera subordonnée à leur engagement de ne plus servir, jusqu'à la fin des hostilités, que dans l'aviation sanitaire.

Cette façon de voir a prévalu à Genève en 1929, bien que les non spécialistes de la Commission de révision aient paru difficilement admettre la distinction entre le personnel ordinaire de transport accompagnant les formations sanitaires et les pilotes d'avions. Le texte adopté décide en conséquence que les pilotes, les manœuvres et les opérateurs de T. S. F. capturés seront rendus, à la condition qu'ils ne soient plus utilisés, jusqu'à la fin des hostilités que dans le Service Sanitaire.

On se souvient, pour l'avoir lu plus haut, que le texte primitif, adopté par la Commission, exigeait un engagement de ne plus servir, jusqu'à la fin des hostilités, ailleurs que dans une formation sanitaire. Nous reviendrons tout à l'heure sur ce changement de rédaction, mais il est utile de le rappeler ici, pour expliquer les allusions faites, lors des travaux préparatoires qui vont être relatés, à l'idée d'un engagement à prendre par les intéressés.

Il est à noter que M. le Médecin Général Inspecteur Marotte a déclaré devant la Commission de révision que la proposition tendant à l'adoption de ce texte était conforme à l'un des vœux exprimés par le *Ier Congrès international de l'aviation sanitaire* (1).

Je dois à la vérité de dire qu'il y a eu là, de la part de M. le Médecin Général Inspecteur Marotte, une confusion. Le Congrès n'a pas été appelé à émettre de vœu sur ce point. Le rapport, que j'ai présenté et soutenu tant en mon nom qu'au nom de M. Des Gouttes concluait bien formellement en ce sens, mais cette conclusion a été très vivement combattue par M. le Médecin lieutenant-colonel Schickelé, commissaire scientifique du Congrès (2)

---

(1) M. Marotte s'est exprimé ainsi devant la Commission de révision : « Le remarquable rapport présenté à ce Congrès par MM. Julliot et Des Gouttes, dont nous nous sommes inspirés, fait très judicieusement ressortir que le personnel des pilotes est un personnel d'élite, d'un recrutement tellement difficile qu'il ne faut pas songer à en posséder un nombre suffisant pour pouvoir faire des affectations exclusives aux appareils sanitaires aériens. Il faut en déduire que le personnel de conduite et de manœuvre sera obligé de faire alternativement du service de guerre et du pilotage ou manœuvre d'avions sanitaires. Dans ces conditions, s'il tombe au pouvoir de l'ennemi, soit par atterrissage fortuit, soit par atterrissage imposé sur son territoire, rien ne s'opposera à ce qu'il soit rendu, s'il souscrit l'engagement que nous envisageons. Cette solution est conforme aux conventions et usages internationaux existants ; elle se trouve consacrée par le projet de Convention arrêté ici même, à Genève, en 1925, à la *XIIe Conférence internationale de la Croix-Rouge* ».

(2) Voici, d'après la sténographie du Congrès, les paroles prononcées à cet égard, par M. Schickelé : « Quant à la situation des pilotes, pourquoi la différencier de celle des autres conducteurs de moyens de transport sanitaires ? Est-ce qu'un mécanicien de train sanitaire, quand il a été pris par l'ennemi déjà une fois, et qu'il est repris à nouveau, va être fusillé ? Il me semble que ce soit là une prétention exorbitante, impossible à admettre. Si elle devait être proposée à la Convention de Genève, je crois que tous les pays qui ont envoyé ici leurs représentants qualifiés devront s'élever très hautement contre cette prétention, en disant qu'elle est inadmissible.

« Je sais bien qu'au cours des dernières hostilités on a prétendu soutenir cette thèse. Je voudrais bien savoir à quel endroit de la Convention de Genève il est actuellement écrit que le personnel momentanément employé par le Service de Santé sera fusillé s'il tombe aux mains de l'ennemi, après avoir cessé de faire partie de ce service. J'ai lu, au contraire, que lorsqu'une formation sanitaire avait besoin d'être protégée, elle recevait une marque et son personnel recevait le même insigne qui devait assurer, de la part de l'ennemi, sa neutralisation complète.

« Pourquoi ne pas avoir une disposition pareille pour le service des pilotes et finalement, nous sommes restés, M. Schickelé et moi-même, chacun sur nos positions.

Devant la Commission de révision, les représentants des Etats-Unis et de la Belgique ont fait remarquer la différence qui existera entre le personnel conducteur des avions sanitaires et les autres catégories de personnel conducteur n'appartenant pas au Service de Santé, le personnel conducteur d'un train sanitaire par exemple. Le mécanicien du train jouira de l'immunité entière, le pilote d'avion jouira de cette immunité, mais subordonnée à la prise de l'engagement susvisé. « Je vois, a dit le représentant de la Belgique, une contradiction entre ces deux manières de traiter deux personnels qui, en somme, remplissent les mêmes conditions ». A quoi M. le Médecin Général Inspecteur Marotte a objecté que cette question avait été longuement discutée à la *XII*e *Conférence internationale de la Croix-Rouge* de 1925 et il a rappelé que M. le Général Collette avait fait remarquer qu'il y avait lieu d'assimiler le pilote au capitaine d'un navire de commerce conformément à la disposition de l'art. 6 de la Convention XI de La Haye de 1907 ainsi conçue : « Le capitaine, les officiers et les membres de l'équipage pris par l'ennemi ne sont pas faits prisonniers de guerre, à la condition de s'engager, sur la foi d'une promesse formelle écrite, à ne prendre part, pour le restant des hostilités, à aucun service ayant rapport avec les opérations de guerre. »

Le Docteur Marotte a ajouté l'argument que j'ai tant de fois invoqué de la différence entre le rôle d'un conducteur de convoi quelconque et du pilote habitué à observer et à voir nombre de détails. Si on le restitue sans compensation, a-t-il dit, on fait en quelque sorte un acte nuisible à l'ennemi.

Le représentant des Etats-Unis, toujours appuyé par celui de la Belgique, s'est déclaré d'accord avec M. le Médecin Général Inspecteur Marotte disant que le pilote peut voir beaucoup de choses pendant qu'il conduit son appareil dans les airs. « Mais il n'y a pas d'impossibilité, d'après les paragraphes précédents, à le retenir pendant quelque temps, trente à soixante jours, suivant les exigences militaires, de telle manière que les observations qu'il aura pu faire au cours de son vol n'auront plus grand intérêt à son retour. »

---

d'avions sanitaires ? Il me semble que cette manière de légiférer doit être modifiée. A la Convention de Genève, nos représentants devraient recevoir des instructions formelles pour s'opposer par tous les moyens possibles à cette prétention que nous ne pouvons pas admettre ».

Il m'apparaît que, ainsi conduite, la discussion n'était pas placée sur son véritable terrain : la question n'est pas de savoir si, en libérant le pilote, on le mettra à même d'utiliser les secrets tactiques ou stratégiques qu'il aura pu surprendre au cours des évacuations ; cette détention momentanée est de droit commun en la matière et ne peut être contestée. Mais la question est de savoir si, en pratique, le belligérant capteur consentirait à remettre en liberté un ennemi aussi redoutable qu'un pilote, s'il consentirait d'avance à prendre dans la Convention l'engagement de le libérer et si, même, cet engagement ayant été pris, il ne serait pas tenté de se livrer à toutes sortes d'atermoiements lorsqu'il s'agirait de le remettre en liberté, arguant notamment et jusqu'aux extrêmes limites vraisemblables, de ces secrets que le pilote aurait pu surprendre avant sa capture. Le vrai mot, en cette affaire, a été dit, en conclusion du débat, par le représentant de la Grande-Bretagne : « Il me semble que la situation des officiers qui conduisent des aéroplanes est beaucoup plus importante que le rôle d'un chauffeur de camion transportant des blessés. C'est pour cette raison que mon Gouvernement attache une importance particulière à ce que les aviateurs ne soient pas autorisés à participer au combat après avoir été libérés et qu'ils prennent à cet effet l'engagement écrit de ne plus intervenir dans les hostilités. La question n'est pas seulement de retenir l'aviateur pendant un certain temps, mais, comme on l'a dit à la sous-commission, il est peu probable qu'un belligérant consente à remettre en liberté des aviateurs qui pourraient ensuite reprendre part à la guerre. Je suis absolument obligé de voter pour le maintien de l'alinéa 6, tel qu'il est. »

Et, comme conclusion, l'alinéa en question a été maintenu par la Commission par 20 voix contre 14, et finalement il est passé dans la Convention de 1929 avec la modification précitée relative à l'engagement.

On remarquera que, dans le texte de la Convention révisée il y a « ...que dans le *service sanitaire* », alors que, dans le projet Des Gouttes, il y avait « que dans *l'aviation sanitaire* ». Ainsi que l'a fait observer M. le Médecin Général Inspecteur Marotte, il serait infiniment regrettable, à cause du petit nombre d'avions sanitaires, que ce personnel, ainsi rendu, ne puisse pas être utilisé ailleurs que dans un avion, où son utilité serait forcément limitée, tandis que les manipulateurs d'appareils de T. S. F., par exemple, peuvent être très aisément et très utilement employés dans des formations sanitaires, qui n'en ont pas beaucoup à leur disposition.

Devant la Commission, c'est-à-dire en présence de la rédaction primitive, on s'était demandé si un engagement de la nature de celui prévu pouvait vraiment être pris par les pilotes eux-mêmes. Ne sont-ce pas plutôt les Gouvernements, avait fait remarquer le représentant de l'Espagne, qui devraient prendre l'engagement de ne plus les utiliser que dans une formation sanitaire ? — Le président de la Commission avait fait la réponse suivante : « Si les Gouvernements acceptent, dans une Convention, cette stipulation, c'est qu'ils donnent d'avance leur assentiment à cette mesure pour le cas où elle deviendrait un jour nécessaire ». Néanmoins cette réponse ne paraît pas avoir satisfait tout le monde puisque finalement le principe d'un engagement à prendre par les intéressés a disparu de la rédaction définitive.

J'ai relaté plus haut, mais il convient de le répéter ici, que la France, dans les ultimes tractations ayant précédé la signature, avait maintenu l'assimilation des pilotes à tout autre personnel de transport et, par conséquent, leur reddition sans condition.

La Grande-Bretagne n'a pas voulu aller aussi loin et la rédaction du dernier alinéa de l'article 18 est, en somme, un compromis entre des points de vue très divergents. Il n'y a plus d'engagement à prendre par les intéressés ni par leurs Gouvernements. Il appartiendra aux Etats, le cas échéant, de réaliser cette condition, selon le mode qui leur conviendra, s'ils veulent obtenir la restitution de leurs pilotes et assimilés. Il va de soi que les pilotes, manœuvres et opérateurs de T. S. F. doivent comme tout le personnel conducteur, et conformément à l'art. 17 de la Convention de 1929, être munis d'un mandat régulier.

VI. Question des appareils et signe distinctif.

Au point de vue du matériel, auquel nous arrivons, la question se pose de savoir s'il convient d'avoir des avions spécialisés ou des avions à deux fins pouvant, grâce à une modification de la charge, faire alternativement le service sanitaire et le service de guerre. Il est bien certain que la spécialisation a l'inconvénient de nécessiter une organisation particulière, de compliquer le ravitaillement et peut conduire, dans certaines circonstances, à manquer du matériel spécial. Il serait infiniment plus commode, assurément, d'avoir des avions sanitaires du même type que les appareils en service dans les formations combattantes et n'en différant que par des détails d'aménagement. Cette conception permettrait au commandement d'employer son aviation tout entière, suivant ses besoins immédiats, puisqu'il pourrait, à son gré et sans faire de distinction de matériel, concentrer ses avions soit sur le service sanitaire, soit sur le service de guerre. Malheureusement, cette conception était inconciliable avec les principes posés par les Conventions de Genève de 1864 et de 1906. Nous verrons comment celle de 1929 l'a résolue.

Comment s'orientera le problème dans l'avenir ? Nul ne le sait. Toujours est-il que, pour le moment, la France a pris un moyen terme consistant à adopter l'avion-limousine Bréguet en service dans les Compagnies de transport aérien et dont les grands éléments et les rechanges sont les mêmes que ceux de l'appareil Bréguet réglementaire dans l'aviation d'observation et utilisé dans les théâtres d'opérations extérieures (T. O. E.). De la sorte, on évite la multiplicité des rechanges et point n'est besoin de pilotes spéciaux. L'avion est ainsi spécialisé et exclusivement réservé à l'usage sanitaire ; il n'est pas transformable en avion de guerre, alors qu'un précédent modèle pouvait indifféremment transporter ou un observateur armé à sa place normale ou des blessés. Avant la révision de la Convention de Genève, j'avais considéré que la spécialisation était la première des conditions pour l'admission à l'immunité de Genève. Les articles 14 et 17 de la Convention de 1906 opposaient le matériel « spécialement organisé pour les évacuations », lequel devait être rendu, et les moyens de transports autres que ceux du Service de Santé, lesquels pouvaient être capturés.

Le projet Des Gouttes s'était emparé de cette formule et définissait les aéronefs sanitaires « ceux qui avaient été construits ou aménagés spécialement et uniquement en vue de porter secours aux blessés, malades et naufragés et dont les noms et numéros auront été communiqués aux belligérants, à l'ouverture ou au cours des hostilités, en tout cas avant tout emploi effectif ».

La spécialisation n'allait pas sans une seconde condition, c'est que le matériel fût réservé à l'usage exclusif du Service de Santé. Cela résultait des mêmes articles et le projet Des Gouttes avait eu le soin d'inscrire ce principe dès l'article 2 : « Les formations sanitaires du service de l'aviation seront rattachées aux Services de Santé »,

Le projet Des Gouttes, à l'instar de la Convention maritime de La Haye de 1907, précisait que si les avions sanitaires appartenaient à des particuliers ou sociétés de secours des belligérants ou des neutres, ils devaient être mis sous la direction du Service de Santé de l'un des belligérants.

En troisième lieu, et c'est une conséquence de ce qui précède, il importe que l'appareil aérien, surtout s'il devait affecter la même forme que certains avions militaires, puisse s'en distinguer nettement par la couleur ou par tout autre procédé. On avait, au cours de ces années dernières, envisagé la couleur blanche avec croix rouges, la bande verte sur fond blanc utilisée pour les navires-hôpitaux, le quadrillé rouge et blanc, une flamme à chaque extrémité des ailes (Docteur A. Vincent), des émissions de fumées (Docteur Saintôt), etc.... toutes propositions dans le détail desquelles je ne puis entrer ici, mais au sujet desquelles on trouvera des précisions dans le *Recueil de Documents* de Des Gouttes et Julliot.

Au projet Des Gouttes il était dit que les aéronefs sanitaires devaient être peints en blanc et porter sur leurs ailes et sous leurs ailes, ainsi que sur les surfaces latérales de la carlingue, des croix rouges nettement visibles aux forces terrestres, aériennes et maritimes.

Comment ces différents points ont-ils été résolus dans l'article 18 de la Révision ? « *Ces appareils aériens,* dit cet article, *utilisés comme moyens de transport sanitaire, jouiront de la protection de la Convention, pendant le temps où ils seront exclusivement réservés à l'évacuation des blessés et des malades, au transport du personnel et du matériel sanitaires* » et « *ils seront peints en blanc et porteront ostensiblement le signe distinctif prévu à l'art.* 19, *à côté des couleurs nationales, sur les faces inférieure et supérieure* ».

Il avait été proposé à la Commission d'introduire dans la rédaction un membre de phrase, aux termes duquel les appareils devraient être « spécialement aménagés pour être utilisés par le Service Sanitaire », mais cette proposition n'a pas été retenue. M. Des Gouttes a fait observer que beaucoup de précisions seraient à apporter aux principes posés, mais il a préconisé de s'en tenir à ces principes, laissant à une Convention ultérieure le soin de préciser. A défaut d'avions spécialement aménagés on sera tenté, a-t-il dit, d'utiliser d'autres avions, des avions de tourisme, par exemple. Est-ce qu'on ne pourra pas les peindre en blanc et les munir du signe distinctif, alors même qu'ils ne seront pas spécialement aménagés ? M. Des Gouttes croit qu'on doit le permettre « étant bien entendu qu'ils sont spécialement destinés à ce service. S'ils devaient faire un autre service, ils commettraient des actes nuisibles à l'ennemi et tomberaient sous le coup des dispositions générales de l'article 7. Par conséquent, il faut savoir ce que l'on veut faire : si l'on veut protéger seulement les avions spécialement aménagés et exclure tous les autres, ou bien si l'on veut ouvrir la porte à des buts plus étendus ». Cette porte me paraît ouverte du fait même que les mots « spécialement aménagés » ont été écartés et remplacés par ces mots très significatifs « pendant le temps où ils seront exclusivement réservés ». Les mots « pendant le temps » signifient bien que la seule peinture blanche avec croix rouges est suffisante, quels que soient l'origine et l'aménagement de l'appareil et que l'immunité cesse du jour où un nouveau peinturage recouvre le blanc et le rouge. Cela ne fait pas de doute, en présence de la rédaction définitive. Mais il n'en était pas de même avec la rédaction primitive de la Commission et, aussi bien, le président de cette Commission avait fait remarquer que le fait de peindre des avions en blanc paraissait bien indiquer qu'il s'agissait d'avions destinés, *une fois pour toutes*, à l'usage sanitaire et à aucun autre. Les mots « pendant le temps... » s'opposent à ces mots « une fois pour toutes » et consacrent la thèse opposée.

La rédaction de la Commission, on s'en souvient, était « à la condition d'être exclusivement réservés au transport des malades et des blessés ». En présence de ce texte, le délégué de la Grande-Bretagne avait proposé la suppression du mot « exclusivement ». — « Il peut arriver, avait-il fait remarquer, qu'un avion soit employé parfois pour la guerre elle-même, d'autres fois pour le service sanitaire. Naturellement l'appareil serait peint en blanc comme le prévoit l'alinéa 2, pendant qu'il est employé au service sanitaire, mais je ne crois pas qu'aucun pays acceptera de limiter pendant toute la guerre l'usage d'un avion à un but déterminé, au service sanitaire en l'occurrence... Il serait difficile, impossible même, je le répète, d'exiger d'un Etat qu'un appareil d'aviation soit, pendant toute la durée de la guerre, exclusivement affecté au service sanitaire. »

Le délégué du Mexique a appuyé cette manière de voir : « On ne dispose pas habituellement d'appareils aériens en nombre suffisant pour pouvoir, au cours d'une guerre, en affecter quelques-uns d'une manière définitive à l'usage exclusif de l'aviation sanitaire. On en arrive même à devoir recourir à des appareils de tourisme. Il faudrait donc prévoir que les appareils qui seraient occasionnellement employés au transport des malades et blessés, même s'ils n'appartiennent pas exclusivement à l'aviation sanitaire, seront respectés pendant le temps qu'ils accompliront cette tâche et dans le cas où ils porteront ostensiblement le signe de la Croix-Rouge. Ils sont dans les mêmes conditions que les autres véhicules, camions par exemple, servant au transport des munitions et qui pourraient être affectés occasionnellement à l'enlèvement des malades. »

Le président de la Commission a fait remarquer que cette proposition constituait une modification si sensible des deux alinéas précédents que le texte devrait en être distribué, pour que la Commission puisse se prononcer en connaissance de cause. J'aperçois, en effet, dans les paroles du délégué mexicain une méconnaissance de la distinction fondamentale, rappelée plus haut, entre le « matériel spécialement organisé pour les évacuations », lequel doit être rendu — ce serait le cas des avions peints en blanc avec croix rouges — et les moyens de transport autres que ceux du Service de Santé, lesquels peuvent être capturés. Il m'apparait que la proposition mexicaine, surenchérissant sur la proposition britannique, était inacceptable en ce sens que, parlant simplement d'appareils portant ostensiblement le signe de la Croix-Rouge, elle paraissait admettre un signe amovible à volonté.

Mais *quid* de la proposition britannique elle-même ? Il y avait deux choses dans cette proposition, d'abord l'extension de la protection au cas où l'avion transporterait du personnel ou du matériel sanitaire, ensuite la possibilité de n'affecter que provisoirement l'appareil au service sanitaire, mais tout en stipulant que l'appareil serait peint en blanc avec croix rouges pendant qu'il serait employé au service sanitaire.

De ce que le mot « exclusivement » n'a pas, comme le proposait le délégué britannique, été supprimé, on ne peut conclure qu'une chose, c'est que, devant la Commission, à la séance du 12 Juillet 1929, la mission sanitaire n'a pas été considérée explicitement comme s'étendant à des transports de personnel et de matériel, mais la question de l'affectation spéciale restait à dégager des débats. Le délégué britannique proposait la rédaction suivante : « Les appareils aériens utilisés par le service sanitaire jouissent de la protection de la Convention sous les conditions prévues à l'alinéa 2 ci-après. » (peinture blanche et croix rouges).

Le délégué français, Docteur Marotte, soutenait le texte suivant : « Les appareils aériens spécialement aménagés pour être utilisés comme moyens d'évacuation sanitaire jouissent de la protection de la Convention à la condition d'être exclusivement réservés au transport des malades et des blessés ». Et M. Marotte de faire remarquer qu'à défaut de ces précisions l'Etat-major français pourrait ne pas autoriser la signature de la Convention. Nous savons que, sur ce point, ou bien le Gouvernement français a cédé, ou bien M. Marotte a été mauvais prophète.

Finalement et toujours devant la Commission le texte français a recueilli une seule voix, le texte de la Grande-Bretagne, auquel s'étaient ralliés les Etats-Unis, 12 voix et le texte de la Commission passait avec 22 voix.

Dans ces conditions et, en présence de la rédaction définitive, il n'est pas douteux que le principe de l'aménagement spécial a vécu, que la peinture blanche avec croix rouges est suffisante, que, une fois peints de la sorte, les appareils doivent être exclusivement réservés au transport des blessés et des malades ou au transport du personnel et du matériel sanitaires. Mais les mots « pendant le temps » signifient bien que cette affectation n'est pas définitive et qu'elle peut très bien ne pas durer jusqu'à la fin de la guerre. Un nouveau peinturage, remplaçant la couleur blanche avec croix rouges par une teinte différente, doit logiquement faire perdre à l'appareil sa qualité de sanitaire et lui permettre de recevoir à nouveau une destination militaire. On ne voit d'ailleurs pas quelle pourrait être la sanction d'une interdiction de reversement de l'appareil dans le service de guerre. Ces métamorphoses ne sont pas au surplus de ces changements à vue qui puissent s'opérer à volonté, au gré des besoins de l'aéronautique de combat et du Service de Santé, étant donné les surfaces à enduire et, d'ailleurs le rappel de l'appareil à des missions militaires est peu vraisemblable, les avions de guerre exigeant des qualités et comportant des caractéristiques nettement différentes de celles requises des avions sanitaires, différenciation qui, de l'avis des techniciens, est destinée à s'accentuer de plus en plus dans l'avenir.

Reste la question de l'usage exclusif des appareils par le Service de Santé. Qu'il me suffise de rappeler une remarque faite à ce sujet, le 12 Juillet 1929 par M. Des Gouttes : « S'agissant des mots « utilisés par le Service Sanitaire », qui se trouvaient dans la proposition française, M. Des Gouttes a rappelé que la question s'est posée de savoir si les avions sanitaires seraient rattachés au Service de Santé ou au Service aéronautique. « De bons auteurs, a-t-il dit, ont soutenu les deux possibilités » et l'orateur proposait de dire : « utilisés par le Service sanitaire », ou « utilisés comme avions sanitaires ».

Ces formules ne se retrouvent pas dans la rédaction définitivement adoptée, mais dès lors que celle-ci dit que les appareils sont protégés pendant le temps où ils sont exclusivement réservés à l'évacuation des blessés et des malades ou au transport du personnel et du matériel sanitaires, il n'est pas douteux, ces évacuations et transports incombant au Service de Santé, que celui-ci doit en avoir l'usage exclusif pendant tout le temps où ils sont revêtus de leur couleur distinctive.

L'article 3 du projet Des Gouttes tel qu'il a été amendé par M. le Médecin Général Inspecteur Marotte et par moi-même, en 1925, portait que les avions sanitaires ne devront pas être munis d'appareils signalisateurs ou documentaires tels que fusées, appareils de photographie ou de T. S. F.

M. le Médecin Lieutenant-Colonel Schickelé, lors du *Ier Congrès international de l'aviation sanitaire*, a fait remarquer que, selon lui, cette disposition était regrettable, l'aéronef sanitaire ayant besoin de communiquer avec le sol, ne serait-ce que pour annoncer son arrivée, l'importance et la nature de son chargement ; en cas de vol de nuit, il doit pouvoir demander l'allumage du terrain, en cas de danger il doit pouvoir demander du secours, tant qu'il lui en reste la possibilité.

Cette objection m'a paru des plus sérieuse et j'en ai fait état dans mon rapport au Congrès. Elle n'a pas moins impressionné M. le Médecin Général Inspecteur Marotte qui, touchant la pensée d'interdire l'accès des appareils sanitaires aériens aux opérateurs et aux appareils de T. S. F., a déclaré à la Commission de révision de 1929 avoir changé d'avis lorsqu'il s'est rendu compte qu'il serait dangereux de priver ces appareils d'un moyen précieux pour remplir leur rôle. « Comment feront-elles, en effet, a-t-il dit, par une nuit sombre ou même en pleine brume, s'ils ne peuvent communiquer avec la terre pour demander qu'on leur signale le terrain d'atterrissage et, par la même occasion, pour signaler l'importance de leur chargement ? » Et aussi bien la sous-commission de l'Aviation sanitaire a estimé que les appareils susvisés étaient bien réellement nécessaires, ainsi que leurs manipulateurs, étant bien entendu qu'on ne s'en autorisera, en aucun cas, pour commettre un acte nuisible à l'ennemi.

La question de la T. S. F. se trouve résolue par le 4e alinéa de l'article 18, qui met les opérateurs de T. S. F. sur le même pied que les pilotes et les manœuvres.

La question des appareils signalisateurs et documentaires, tels que les fusées et les appareils de photographie, se trouve réservée.

Les fusées paraissent devoir être mises sur le même pied que les appareils de T. S. F. Quant aux appareils de photographie, ils semblent difficilement pouvoir être tolérés.

Devant la Commission de révision, M. Warner, au nom de la Grande-Bretagne, a proposé de faire défense de lancer des messages chiffrés. Qualifiée de légitime par M. le Médecin Général Inspecteur Marotte, cette proposition n'en a pas moins été réservée, en tant que proposition de détail, pour être comprise dans la réglementation technique à intervenir ultérieurement.

Les appareils d'aviation sanitaire répondant aux conditions ci-dessus, sont exempts de capture ; et, lorsqu'ils tombent aux mains de l'ennemi, ils doivent être rendus aussi vite que les exigences militaires le permettent. Mais, répétons-le, il ne s'agit que des appareils peints en blanc et portant ostensiblement le signe distinctif, à côté des couleurs nationales, sur leurs faces inférieure et supérieure et exclusivement affectés au moment de leur capture à l'évacuation et au transport du personnel et du matériel sanitaires.

Il n'empêche que, dans certaines occurrences, des avions militaires non peints en blanc et non revêtus de croix rouges pourront être appelés à coopérer aux évacuations. S'ils tombent au pouvoir de l'ennemi, celui-ci aura rigoureusement le droit de les capturer ; et il en sera de même du personnel conducteur et spécialement du pilote, mais les blessés et le personnel sanitaire proprement dit jouiront, en tout état de cause, de l'immunité habituelle, le tout conformément à l'article 17 de la Convention de 1929 reproduisant, dans ses principes, l'article 17 de la Convention de 1906.

Entre les avions du Service de Santé spécialement construits à des fins sanitaires et les avions militaires faisant accidentellement des évacuations, il est une catégorie intermédiaire qu'il faut prévoir, celle des avions civils réquisitionnés et transformés en sanitaires. S'ils sont peints en blanc avec croix rouges, ils deviennent sanitaires ; à défaut de cette condition, ils rentrent dans la catégorie susvisée des avions militaires occasionnellement employés pour les évacuations.

Au mois de mars 1927, mon collègue du *Comité juridique international de l'Aviation*, le Jonkheer Van den Berch Van Heemsted a proposé l'introduction dans le projet de convention internationale d'un article ainsi conçu : « En cas de guerre, les aéronefs civils, enregistrés comme tels dans les registres gouvernementaux, devront être mis à la disposition des Croix-Rouge des belligérants, afin de servir comme aéronefs sanitaires ».

Cette proposition m'ayant été communiquée par M. Des Gouttes, j'ai eu le regret, pour les motifs ci-après, de ne pouvoir m'y rallier.

A l'article 2 du projet de Convention dont il s'àgit, il est dit que les formations sanitaires du service de l'aviation seront rattachées au Service de Santé de l'armée.

Par ailleurs, à l'alinéa 3 de l'art. 6 de ce projet, il est prévu qu'il pourra exister des aéronefs sanitaires équipés aux frais des Sociétés de secours, ceux-ci devant se mettre sous la direction de l'un des belligérants et que, moyennant cette condition, ils jouiront des immunités prévues aux deux premiers alinéas de cet article. Dès actuellement le droit, pour les Société de secours, d'avoir des appareils sanitaires aériens résulte de la Convention de 1929, puisqu'il est écrit dans l'article 11 que ces sociétés, qui disposent de l'insigne, sont admises à offrir leur concours. Pratiquement, le commandement aura toute latitude pour apprécier s'il peut, même dans des régions éloignées du théâtre des hostilités, laisser circuler des appareils sanitaires autres que des appareils militaires. Il est possible, avec l'importance que prendra la guerre aérienne, que le théâtre des opérations soit partout et que les belligérants ou certains d'entre eux jugent à propos de n'autoriser la circulation d'avions sanitaires que s'ils sont strictement avions du Service de Santé et à l'exclusion des avions des Sociétés de secours. Le projet de Convention a très sagement réservé sur ce point la libre décision des autorités militaires et j'estime que, s'il eût agi différemment, ses chances d'aboutissement eussent été très sérieusement compromises.

De même, chaque Etat souverain doit rester libre de décider de ce que deviendra son aviation civile en temps de guerre et dans quels buts militaires le matériel de cette aviation pourra être réquisitionné.

Le Jonkheer craint que le commandement ne s'empare des aéronefs civils pour des buts militaires. Malgré toute ma prédilection pour l'aviation sanitaire, j'ai dû faire remarquer que ce point relève du principe de la souveraineté des Etats et qu'il y a là un droit qui ne peut leur être enlevé ; cela va de soi, mais j'ai ajouté, et je persiste à penser que lesdits Etats destinés à devenir parties à la Convention Des Gouttes ne consentiront certainement pas à se dépouiller de ce droit à l'avance. Tout au moins, il est à prévoir que l'unanimité ne pourrait être obtenue en vue d'une renonciation anticipée à une prérogative aussi essentielle et touchant d'aussi près à la défense nationale.

Tel est l'avis que j'ai cru devoir exprimer en 1927 (1) et dans lequel je crois devoir persister. J'ai donné cet avis en mon nom personnel et sans préjuger, en particulier, de l'attitude que prendrait éventuellement la France. Je n'ai, sur ce point, opéré aucun sondage, mais j'ai l'intime conviction que le commandement français sera d'avis que la France doit conserver son entière liberté de décision en cette matière, en s'inspirant des circonstances et eu égard au développement plus ou moins grand que prendra dans l'avenir l'aviation civile, eu égard également à l'orientation qu'affectera cette aviation civile dans son développement. Certains types d'avions pourront convenir plus particulièrement à l'aviation militaire, d'autres à l'aviation sanitaire. Le *IIIe Congrès international de Sauvetage et de premier secours en cas d'accident* tenu à Amsterdam en septembre 1926 a, sur la proposition du Jonkheer, émis le vœu que l'accès des aéronefs de transport permît d'y faire passer facilement les brancards et que ces aéronefs fussent munis des attaches nécessaires pour fixer lesdits brancards. C'est tout ce que nous pouvons demander. Pratiquement il appartient à ceux des Etats qui subventionnent l'aviation civile et en particulier les compagnies de transports aériens, d'imposer

(1) M. le Médecin Général Marotte, consulté, de son côté, a émis un avis conforme au mien et, comme conséquence de cette enquête, il est apparu au *Comité international de la Croix-Rouge* qu'on ne pouvait raisonnablement encore demander au commandement des armées de limiter à ce sujet leur liberté aérienne.

les aménagements appropriés relativement à un certain nombre ou à certaines catégories d'appareils, soit en prenant le coût de ces aménagements à leur charge, soit en subordonnant l'allocation de primes à l'accomplissement de cette condition.

VII. Adaptation du projet Des Gouttes aux principes nouveaux de la Convention de 1929.

Arrivé au terme de cette étude nous nous trouvons en présence de deux textes : la Convention de 1929 qui a force de loi et le projet Des Gouttes qui, lors de sa discussion ultérieure et prochaine, espérons-le, sera destiné à pourvoir aux détails d'application de ladite Convention touchant l'aviation sanitaire en temps de guerre.

Etant donné la part que j'ai eu l'honneur de prendre, en 1925,à l'élaboration et à l'amendement du projet Des Gouttes, je me permets d'esquisser ci-après les quelques modifications qu'il me paraîtrait opportun d'envisager dans la rédaction de ce projet comme conséquence de la signature de la Convention de 1929 et des principes nouveaux qui ont été arrêtés par celle-ci, non seulement en matière d'aviation sanitaire, mais, d'une façon générale, pour tout ce qui concerne le sort des blessés et malades en campagne. J'ai communiqué cette mise au point à M. Des Gouttes et j'ai tenu compte de ses observations, de sorte que le texte ci-après se présente comme le fruit de notre amicale collaboration.

TEXTE
arrêté par la XIIe Conférence Internationale de la Croix-Rouge

CONVENTION ADDITIONNELLE A LA CONVENTION DE GENÈVE DE 1906 ET A CELLE DE LA HAYE DE 1907 POUR L'ADAPTATION A LA GUERRE AÉRIENNE DES PRINCIPES DE LA CONVENTION DE GENÈVE.

I

Blessés et malades

1. — Sont applicables à la guerre aérienne toutes les prescriptions de la Convention de Genève de 1906 et de la Xe Convention de La Haye du 18 octobre 1907 qui peuvent lui être appliquées et pour autant qu'elles ne sont pas modifiées par les dispositions suivantes — notamment les mesures de protection et de respect des blessés, malades et naufragés, les garanties données au personnel sanitaire et les sécurités stipulées pour le matériel sanitaire, de même que les dispositions relatives à l'emploi du signe de la croix rouge, les mesures d'application et d'exécution de ces Conventions (Genève, art 1 à 5, 18 à 23, 24 à 26 ; La Haye, art. 4 al. 6, art. 16, 17, 19, 20).

II

Aéronefs sanitaires. Personnel et matériel

2. — Les formations sanitaires du service de l'aviation seront rattachées aux services de santé.

3. — Elles seront, comme telles, respectées et protégées par les belligérants (Genève, article 6), sous réserve qu'elles seront exclusivement utilisées soit pour le transport des blessés et malades, accompagnés ou non d'un médecin ou d'un

MODIFICATIONS
proposées par MM. Des Gouttes et Julliot

CONVENTION ADDITIONNELLE A LA CONVENTION DE GENÈVE DE 1929 ET A CELLE DE LA HAYE DE 1907 POUR L'ADAPTATION A LA GUERRE AÉRIENNE DES PRINCIPES DE LA CONVENTION DE GENÈVE.

I

Blessés et malades

1. — Sont applicables à la guerre aérienne toute les prescriptions des Conventions de Genève de 1929 et de La Haye du 18 octobre 1907 qui peuvent lui être appliquées et pour autant qu'elles ne sont pas modifiées par les dispositions suivantes — notamment les mesures de respect et de protection des blessés, des malades et des naufragés, les garanties données au personnel sanitaire et les sécurités stipulées pour le matériel sanitaire, de même que les dispositions relatives à l'emploi du signe distinctif, les mesures d'application et d'exécution de ces Conventions (Genève art. 1 à 5, 19 à 24, 25 à 30 ; La Haye, art. 4, al. 6, art. 16, 17, 19, 20.

II

Appareils sanitaires aériens. Personnel et matériel

2. — Les formations sanitaires du service de l'aviation seront rattachées aux services de santé.

3. — Elles seront, comme telles, respectées et protégées par les belligérants, pendant le temps où elles seront exclusivement réservées à l'évacuation des blessés et des malades et au transport du personnel et du matériel sanitaires, et qu'elles

Texte arrêté par la XIIe Conférence Internationale de la Croix-Rouge	Modifications proposées par MM. Des Gouttes et Julliot
infirmier, soit pour le transport du personnel et matériel sanitaires, et qu'elles ne seront pas munies d'appareils signalisateurs ou documentaires tels que fusées, appareils de photographie ou de T. S. F.	ne seront pas munies d'appareils de photographie.
4. — Les gouvernements s'engagent à n'utiliser ces formations pour aucun but militaire. Le survol et même l'approche des lignes dans une limite à déterminer par un accord des gouvernements sont rigoureusement interdits, sauf licences spéciales et expresses.	4. — Les gouvernements s'engagent à n'utiliser ces appareils pour aucun but militaire. Sauf licence spéciale et expresse, le survol de la ligne de feu et de la zone située en avant des grands postes médicaux de triage, ainsi que, d'une manière générale, de tout territoire ennemi ou occupé par l'ennemi, est interdit.
5. — La protection due à ces formations cesse si l'on en use pour commettre des actes nuisibles à l'ennemi. N'est pas considéré comme étant de nature à priver une formation de la protection prévue, le fait que son personnel est armé pour le maintien de l'ordre et pour la défense des blessés ou malades (Genève, art. 7, 8 ; La Haye, art. 8).	5. — La protection due à ces formations cesse si l'on en use pour commettre des actes nuisibles à l'ennemi. Ne sont pas considérés comme étant de nature à priver une formation de la protection prévue : 1° le fait que le personnel est armé et qu'il use de ses armes pour sa propre défense ou celle de ses blessés et de ses malades ; 2° le fait qu'à défaut d'infirmiers armés, l'appareil à terre est gardé par un piquet ou des sentinelles, 3° le fait qu'il est trouvé dans l'appareil des armes portatives et des munitions retirées aux blessés et aux malades et n'ayant pas encore été versées au service compétent.
6. — Les aéronefs sanitaires, c'est-à-dire ceux qui ont été construits ou aménagés spécialement et uniquement en vue de porter secours aux blessés, malades et naufragés et dont les noms et numéros auront été communiqués aux belligérants, à l'ouverture ou au cours	6. — Les appareils sanitaires aériens, c'est-à-dire ceux qui seront peints en blanc et porteront ostensiblement le signe distinctif prévu à l'article 12 ci-après, à côté des couleurs nationales, seront respectés et ne pourront être capturés pendant le temps où ils seront

Texte arrêté par la XIIe Conférence Internationale de la Croix-Rouge

des hostilités, en tout cas avant tout emploi effectif, seront respectés et ne pourront être capturés pendant la durée des hostilités.

Les aéronefs sanitaires ne seront pas non plus assimilés aux aéronefs de guerre, au point de vue de leur atterrissage sur un champ d'aviation neutre (La Haye, art. 1).

Les deux premiers alinéas du présent article seront applicables aux aéronefs sanitaires équipés en totalité ou en partie aux frais des particuliers ou des sociétés de secours officiellement reconnues des belligérants ou des neutres, à condition qu'ils se soient mis sous la direction d'un des belligérants, avec l'assentiment préalable de leur propre gouvernement pour ceux qui ressortissent à un autre Etat (La Haye, art 2 et 3).

7. — Les belligérants auront sur tous aéronefs sanitaires le droit de contrôle et de visite ; ils pourront refuser leur concours, leur enjoindre de s'éloigner ou d'atterrir, leur imposer une direction déterminée, même les détenir si la gravité des circonstances l'exigeait (La Haye, art. 4, al. 5).

8. — Le personnel exclusivement affecté à l'enlèvement, au transport et au traitement des blessés, malades et naufragés, ainsi que les pilotes attachés aux aéronefs prévus à l'article 6, sera respecté et protégé en toutes circonstances (Genève, art. 9, 10, 11 ; La Haye, art. 10).

9. — Ce personnel continuera, après qu'il sera tombé au pouvoir de l'ennemi, à remplir momentanément ses fonctions sous sa direction.

Modifications proposées par MM. Des Gouttes et Julliot

exclusivement réservés à l'évacuation des blessés et des malades et au transport du personnel et du matériel sanitaires.

Les appareils sanitaires aériens ne seront pas non plus assimilés aux aéronefs de guerre, au point de vue de leur atterrissage sur un champ d'aviation neutre (La Haye, art. 1).

Les deux premiers alinéas du présent article seront applicables aux appareils sanitaires aériens équipés en totalité ou en partie aux frais des particuliers ou des sociétés de secours officiellement reconnues des belligérants ou des neutres, à condition qu'ils se soient mis sous la direction d'un des belligérants, avec l'assentiment préalable de leur propre gouvernement pour ceux qui ressortissent à un autre Etat (La Haye, art. 2 et 3).

7. — Les belligérants auront sur tous les appareils sanitaires aériens le droit de contrôle et de visite ; ils pourront refuser leur concours, leur enjoindre de s'éloigner ou d'atterrir, leur imposer une direction déterminée, même les détenir si la gravité des circonstances l'exigeait (La Haye, art. 4, al. 5).

8. — Le personnel exclusivement affecté à l'enlèvement, au transport et au traitement des blessés, des malades et des naufragés, ainsi qu'à l'administration des formations et des établissements sanitaires, les aumôniers attachés aux armées seront respectés et protégés en toutes circonstances (Genève, art. 9, 10, 11 ; La Haye, art. 10).

9. — Les personnes désignées à l'article précédent, si elles tombent entre les mains de l'ennemi, ne seront pas traitées comme prisonniers de guerre ; elles ne pourront

Texte arrêté par la XIIe Conférence Internationale de la Croix-Rouge	Modifications proposées par MM. Des Gouttes et Julliot
Il est exempt de capture et ne peut pas être retenu. Il doit être renvoyé à l'autorité militaire dont il relève dès qu'une voie est ouverte pour son retour et que les exigences militaires le permettent. En attendant, le personnel médical doit être de préférence affecté aux soins des blessés et malades de la même nationalité que lui. A son départ, il emportera les effets, les instruments et les armes qui sont sa propriété particulière (Genève, art. 12 ; La Haye, art. 10). Toutefois, la restitution des pilotes-aviateurs sera subordonnée à l'engagement qu'ils devront prendre de ne plus servir leur pays, jusqu'à la fin des hostilités, que dans l'aviation sanitaire.	être retenues (Genève, 1929, art. 9). Sauf accord contraire et sous réserve des dispositions du dernier alinéa du présent article, elles seront renvoyées au belligérant dont elles relèvent dès qu'une voie sera ouverte pour leur retour et que les exigences militaires le permettront. En attendant leur renvoi, elles continueront à remplir leurs fonctions sous la direction de la partie adverse ; elles seront de préférence affectées aux soins des blessés et des malades du belligérant dont elles relèvent. A leur départ, elles emporteront les effets, les instruments et les armes qui leur appartiennent (Genève 1929 art. 12 ; La Haye art. 10). Toutefois, les pilotes, les manœuvres et les opérateurs de T.S.F. ne seront rendus qu'à la condition qu'ils ne seront plus utilisés, jusqu'à la fin des hostilités, que dans le service sanitaire (Genève 1929, art. 18).
10. — Les belligérants assureront à ce personnel, pendant qu'il sera en leur pouvoir, les mêmes allocations, la même solde, le même entretien et le même logement qu'au personnel correspondant de ses propres aéronefs sanitaires (Genève, art. 13).	10. — Les belligérants assureront à ces personnels, pendant qu'ils seront en leur pouvoir, le même entretien, le même logement, les mêmes allocations et la même solde qu'aux personnels correspondants de leur armée. Dès le début des hostilités, ils s'entendront au sujet de la correspondance des grades de ces divers personnels (Genève 1929, art. 13).
11. — Les aéronefs sanitaires conserveront, s'ils tombent au pouvoir de l'ennemi, la propriété de leur matériel. Ils ne pourront être ni capturés, ni désaffectés. Leur restitution aura lieu dans les conditions prévues pour le per-	11. — Les appareils sanitaires aériens conserveront, s'ils tombent au pouvoir de la partie adverse, la propriété de leur matériel. Ils ne pourront être ni capturés, ni désaffectés. Leur restitution aura lieu dans les conditions prévues pour le per-

Texte arrêté par la XIIe Conférence Internationale de la Croix-Rouge	Modifications proposées par MM. Des Gouttes et Julliot
sonnel sanitaire, et, autant que possible, en même temps que lui.	sonnel sanitaire, et, autant que possible, en même temps que lui.
L'autorité militaire compétente aura la faculté de réquisitionner leur matériel sanitaire pour le besoin des blessés et des malades.	L'autorité militaire compétente aura la faculté de réquisitionner leur matériel sanitaire pour le besoin des blessés et des malades ; la restitution aura lieu dans les conditions prévues pour le personnel sanitaire, et, autant que possible, en même temps (Genève 1929, art. 14 ; La Haye, art. 7, al. 2).
Cette réquisition du matériel sanitaire est subordonnée à l'urgence du besoin, à l'utilisation sur place et à sa restitution dès qu'il n'est plus indispensable (Genève, art. 14 à 17 ; La Haye, art. 7, al. 2).	
III *Du signe distinctif*	III *Du signe distinctif*
12. — A côté des règles générales prévues aux articles 18 à 23 de la Convention de Genève de 1906 (6 et 21 de la Convention de La Haye de 1907) et auxquelles ils sont soumis, ainsi que leur personnel, les aéronefs sanitaires devront être peints en blanc et porter sur leurs ailes et sous leurs ailes, ainsi que sur les surfaces latérales de la carlingue, des croix rouges nettement visibles aux forces terrestres, aériennes et maritimes.	12. — A côté des règles générales prévues aux articles 19 à 24 de la Convention de Genève de 1929 (6 et 21 de la Convention de La Haye de 1907) et auxquelles ils sont soumis, ainsi que leur personnel, les appareils sanitaires aériens devront être peints en blanc et porter ostensiblement le signe distinctif prévu à l'art. 19 de la Convention de 1929, à côté des couleurs nationales, sur leurs faces inférieure et supérieure.
L'aéronef ressortissant à un Etat neutre n'arborera, à côté de la croix rouge, que les couleurs du belligérant dont il relève.	L'appareil ressortissant à un pays neutre qui, dans les conditions prévues par le dernier alinéa de l'article 6, aurait été autorisé à fournir ses services, devra arborer, avec le drapeau de la Convention, le drapeau national du belligérant dont il relève. Il aura le droit, tant qu'il prêtera ses services à un belligérant, d'arborer également son drapeau national. Toutefois, l'appareil tombé au pouvoir de l'ennemi n'arborera que le drapeau de la Convention aussi longtemps qu'il se trouvera dans cette situation.
En cas de capture et tant que durera la détention, il n'arborera que le drapeau à croix rouge (Genève, art. 21 et 22 ; La Haye, art. 5, al. 5).	
IV *Exécution de la Convention*	IV *Exécution de la Convention*
13. — Les règles générales prévues aux articles 24 à 26 de la Con-	13. — Les règles générales prévues aux articles 25 à 27 de la Con-

Texte arrêté par la XIIe Conférence Internationale de la Croix-Rouge

vention de Genève (La Haye, 19 et 20) sont applicables à la présente Convention complémentaire.

14. — Les Etats signataires fixeront, par voie réglementaire, un type uniforme en ce qui concerne le gabarit des brancards et leur mode de suspension.

15. — Ils resteront libres de prescrire, par voie réglementaire également, la neutralisation de certaines places d'atterrissage.

V

Dispositions finales

16. — Les prescriptions de la Convention de Genève relatives à la répression des abus et infractions (art. 27, 28, et art. 21 de la Convention de La Haye) seront applicables à la présente convention ; les législations nationales devront être complétées, si elles ne sont pas déjà suffisantes, pour assurer la protection des aéronefs sanitaires.

Les Etats faisant partie de la Société des Nations pourront déférer les cas litigieux à la Cour permanente de justice internationale, dont les décisions seront exécutoires sur leur territoire.

17. — Quant à la ratification, l'entrée en vigueur et la dénonciation de la présente Convention, les dispositions des art. 29, 30, 32 et 33 de la Convention de Genève leur seront applicables.

18. — En temps de paix, toutes facilités devront être données aux aéronefs sanitaires pour franchir rapidement les frontières des Etats signataires en vue de porter secours aux blessés et malades.

Modifications proposées par MM. Des Gouttes et Julliot

vention de 1929 (La Haye, 19 et 20) sont applicables à la présente Convention additionnelle.

14. — Les Etats signataires fixeront, par voie réglementaire, un type uniforme en ce qui concerne le gabarit des brancards et leur mode de suspension.

15. — Ils resteront libres de prescrire, par voie réglementaire également, la neutralisation de certaines places d'atterrissage.

V

Dispositions finales

16. — Les prescriptions de la Convention de 1929 relatives à la répression des abus et infractions (art. 28 à 30, et art. 21 de la Convention de La Haye) seront applicables à la présente Convention ; les législations nationales devront être complétées, si elles ne sont pas déjà suffisantes, pour assurer la protection des appareils sanitaires aériens.

Les Etats faisant partie de la Société des Nations pourront déférer les cas litigieux à la Cour permanente de justice internationale, dont les décisions seront exécutoires sur leur territoire.

17. — Quant à la ratification, l'entrée en vigueur et la dénonciation de la présente Convention, les dispositions des articles 32, 33, 35, 36, 37, 38 et 39 de la Convention de 1929 leur seront applicables.

18. — En temps de paix, toutes facilités devront être données aux aéronefs sanitaires pour franchir rapidement les frontières des Etats signataires en vue de porter secours aux blessés et aux malades.

TABLE DES MATIÈRES

Imprimerie Rapide du Centre, Issoudun (Tél. 32)

www.ingramcontent.com/pod-product-compliance
Ingram Content Group UK Ltd.
Pitfield, Milton Keynes, MK11 3LW, UK
UKHW022129260726
13993UKWH00003B/1322

9 782329 176574